C·H·Beck
PAPERBACK

Ilse Sand

Die innere Mauer

Beziehungsangst überwinden, Nähe zulassen

Aus dem Dänischen von Anja Lerz

C.H.Beck

Titel der dänischen Originalausgabe:
Kom nærmere – om kærlighed og selvbeskyttelse

Zuerst erschienen 2014 bei Forlaget Ammentorp, Sabro.

Originalausgabe

www.chbeck.de
Umschlaggestaltung: geviert.com, Michaela Kneißl
Umschlagabbildung: © Shutterstock
Satz: C.H.Beck.Media.Solutions, Nördlingen
Druck und Bindung: Pustet, Regensburg
Gedruckt auf säurefreiem und alterungsbeständigem Papier
Printed in Germany
ISBN 978 3 406 75553 8

myclimate

klimaneutral produziert
www.chbeck.de/nachhaltig

Inhalt

Vorwort

Als Pfarrerin und später als Psychotherapeutin habe ich mit vielen Menschen geredet, die in Liebesbeziehungen Verletzungen erlitten hatten oder es nicht einmal schafften, eine solche Beziehung einzugehen. In Verbindung mit meinen Vorträgen über Liebe und Selbstschutz habe ich bei meinen Zuhörerinnen und Zuhörern ein großes Interesse wahrgenommen, mehr über die psychologischen Dynamiken zu erfahren, die zum Tragen kommen, wenn wir Beziehungen eingehen oder in unseren bereits bestehenden Beziehungen leben.

In diesem Buch beschreibe ich, wie sich Selbstschutzstrategien entwickeln, warum sie guten, engen Beziehungen im Weg stehen und wie man sich von unzweckmäßigen Strategien befreit. Mit Begeisterung habe ich festgestellt, wie Beziehungen tiefer und bedeutungsvoller werden können, wenn wir es wagen, uns mit unserer Verletzlichkeit ohne unnötige Schutzmauern ganz auf den Moment einzulassen.

Die Literatur, die ich selbst zu dem Thema gelesen habe, stammt von Experten. Dieses Buch hier ist dagegen bewusst in einer leicht zugänglichen, hoffentlich allgemein verständlichen Sprache geschrieben. Gleichzeitig sind die unternommenen Analysen samt den sich daraus ergebenden Ratschlägen fest in anerkannten psychologischen Theorien und meiner jahrelangen Erfahrung als Therapeutin verankert.

Die vielen konkreten Beispiele im Buch dienen der Veranschaulichung. Sie sind größtenteils erfunden, beruhen aber auf Situationen und Gesprächen, wie sie mir in meiner therapeutischen Praxis häufig begegnen. Einzelne Fälle haben sich wirklich so ereignet; diese habe ich mit dem Einverständnis meiner Klienten in anonymisierter Form wiedergegeben.

Mein Wunsch ist, dass das hier mitgeteilte Wissen, das im Leben meiner Klienten und auch in meinem eigenen so viel verändert hat, auf diesem Weg auch viele Menschen erreicht und ihnen zugutekommt, die keine Fachbücher lesen und nicht in psychotherapeutischer Behandlung sind.

Einleitung

Warum leben wir nicht alle in lebendigen, liebevollen Beziehungen mit anderen Menschen? Wie kann es sein, dass viele stattdessen als Single leben oder aber in Paarbeziehungen, in denen es an Nähe und echter Fürsorge fehlt?

Eine von vielen möglichen Antworten ist, dass wir Selbstschutzstrategien anwenden, die uns etwas vortäuschen, mit dem Ergebnis, dass wir uns selbst in Sachen Liebe ein Bein stellen. Solche Selbstschutzstrategien kann jeder beobachten, der in der Psychotherapie tätig ist. Klienten wenden verschiedene Strategien an, um andere Menschen auf Abstand zu halten, damit sie sich ihrer aktuellen Lebenssituation nicht zu stellen oder ihr Innerstes (Gefühle, Gedanken, Erkenntnisse, Wünsche) nicht zu spüren brauchen.

Diese Strategien wurden im Lauf der Zeit unterschiedlich bezeichnet. Freud nannte sie «Abwehrmechanismen». In den englischsprachigen Ländern wurde das zu «defence» und im Dänischen zu «forsvarsmekanismer», Verteidigungsmechanismen. In der kognitiven Therapie wird mit dem Begriff «Bewältigungsstrategie» gearbeitet, der zuweilen die gleiche Beobachtung umschreibt.

Bereits Søren Kierkegaard, der seine Gedanken über ein halbes Jahrhundert vor Freud formulierte, wurde auf das Phänomen aufmerksam. Er stellte fest, dass Menschen dazu neigen, ihre Erkenntnisse über sich selbst zu verschleiern. Wie das tatsächlich geht, führte er allerdings nicht weiter aus. Darüber wissen wir heute mehr.

Ich habe mich entschieden, diese Manöver, durch die wir manchmal unsere klügsten Selbsterkenntnisse verschleiern oder Abstand zu anderen Menschen oder unserem eigenen Inneren schaffen, «Selbstschutzstrategien» zu nennen. Damit meine ich alle (bewussten oder zumeist unbewussten) Verhaltensweisen, die wir an den Tag legen, um Nähe zu anderen oder zu unserer eigenen inneren oder äußeren Wirklichkeit zu vermeiden.

Selbstschutz kann natürlich auch bedeuten, mit dem Rauchen aufzuhören oder vor einer Seefahrt eine Schwimmweste anzulegen. In diesem Buch interessiere ich mich jedoch ausschließlich für jene Selbstschutzstrategien, die wir einsetzen, um Abstand zu unserer Lebenswirklichkeit zu schaffen. Manchmal sind sie angebracht und hilfreich. Und manchmal werden sie zum Problem.

Guter Selbstschutz besteht darin, Abstand zu den

eigenen Gefühlen zu gewinnen, wenn sie uns zu überwältigen drohen. Aber die gleiche Selbstschutzstrategie kann zum Problem werden, wenn sie erstarrt und (völlig oder teilweise) unbewusst ein Eigenleben entwickelt.

Es mindert unsere Lebensqualität und Lebensfreude, wenn wir uns mehr als nötig von unserem Innenleben distanzieren. In dem Maße, wie wir uns den Realitäten unserer aktuellen Lebenssituation nicht stellen, fehlt uns der klare Blick auf die eigene Situation, und wir empfinden es als anstrengend, uns im Leben zurechtzufinden.

Eine Selbstschutzstrategie besteht beispielsweise darin, mit Hilfe der Fantasie die äußere Wirklichkeit so umzuformen, dass man sich selbst, andere Menschen oder seine Möglichkeiten im Leben für besser oder schlechter hält, als sie realistisch betrachtet sind. Oder, sehr konkret, dass man nicht tief genug durchatmet, um zu vermeiden, sich selbst zu spüren.

Eine Selbstschutzstrategie ist eine Verhaltensweise, die sich in einer schwierigen Situation einmal als kluge Lösung erwiesen hat. Wer als Kind häufig auf Selbstschutzstrategien zurückgreifen musste, kann als Erwachsener so sehr in seinen Selbstschutzmechanismen gefangen sein, dass er den guten emotionalen Kontakt zu sich selbst und anderen verliert. Und so kann es passieren, dass uns die innere Entwicklung und die Zufriedenheit fehlen, wie sie eine liebevolle Beziehung wecken kann.

Ich hoffe, dieses Buch macht Ihnen Lust darauf, Ihre

persönlichen Selbstschutzstrategien unter die Lupe zu nehmen. Zu überlegen, ob Ihr Leben reicher werden kann, wenn Sie eine oder mehrere davon ablegen. Damit Sie sich selbst, Ihrem Leben und anderen Menschen näherkommen – und Ihr Dasein so intensiver spüren und genießen.

Kapitel 1

Selbstschutzstrategien

Beginnen wir mit einem Beispiel: Hannah hat sich um eine Stelle beworben und eine Absage erhalten. Sie ist zwar traurig deswegen, hat aber gerade nicht die Kraft, ihrer Trauer nachzuspüren. Stattdessen entscheidet sie sich dafür, sich mit einem Fernsehkrimi abzulenken und ihre Situation ein wenig zu vergessen. Auf diese Weise gönnt sie sich eine Auszeit von der Wirklichkeit, in der sie sich nach der Absage befindet.

Das ist kein Problem, solange sie sich zu einem späteren Zeitpunkt die Zeit nimmt, ihre Traurigkeit zu spüren und zu verarbeiten, und damit wieder ganz in ihre Gegenwart zurückfindet. Ist dies jedoch ihre einzige Strategie für den Umgang mit schwierigen Gefühlen und nimmt sie sich nie genug Zeit und Ruhe, um zu entspannen und sich selbst zu spüren, wird das schnell zum Problem. In diesem Fall wird sie mit einer dauerhaften Distanz zu sich selbst leben, was zu emotionalem Stress oder Mangel an echter Lebensfreude führen kann. Und wenn ihr gar nicht bewusst ist, dass sie sich von ihren Gefühlen distanziert, ist das noch problematischer, weil ihr damit auch jede Möglichkeit fehlt, dies zu ändern.

Die meisten Selbstschutzstrategien werden schon früh in der Kindheit entwickelt. Ursprünglich waren sie die beste Lösung, die ein kleines Kind in einer schwierigen Situation finden konnte. Später können Selbstschutzstrategien unbewusst verinnerlicht werden, sodass sie ganz automatisch jedes Mal in Gang kommen, wenn wir in eine Situation geraten, die einer der ungelösten Krisen unserer Kindheit ähnelt.

Auch dazu ein konkretes Beispiel: Als Iris aufwuchs, war ihre Mutter oft verzweifelt und redete über ihren Schmerz. Iris ertrug es nicht, sich das anzuhören. Ein Kind ist nicht in der Lage, die Verzweiflung eines Erwachsenen auszuhalten. Außerdem ist es beängstigend zu erleben, wenn eine Bezugsperson leidet. Deshalb erfand Iris schon als sehr kleines Kind die Strategie, in solchen Situationen von etwas ganz anderem zu sprechen, um die Mutter abzulenken und auf andere Gedanken zu bringen.

Heute wundert sich Iris, dass ihre Kinder sich mit ihren Problemen nicht an sie wenden. Würde sie sie fragen, würden sie ihr sicher antworten, dass sie es ja versucht hätten, es aber immer darauf hinauslaufe, dass ihre Mutter anfange, von etwas anderem zu sprechen.

Hätte Iris eines dieser Gespräche aufgenommen, könnte sie im Nachhinein selbst hören, dass sie – ohne es zu wollen – jedes Mal das Thema wechselte, wenn sie von einer Krise oder dem Kummer einer nahestehenden Person erfuhr oder ihn spürte.

Selbstverständlich schadet es der Nähe in unseren Beziehungen, wenn wir eine solche Selbstschutzstrategie anwenden, ohne uns dessen bewusst zu sein.

Wenn Iris dieses Verhaltensmuster entdecken und wiedererkennen kann, das vielleicht einmal ihre psychische Gesundheit gerettet hat, heute aber einer tiefen Beziehung zu ihren Kindern im Weg steht, ist sie schon weit gekommen und kann sich dafür entscheiden, ihre Strategie zu ändern.

Ein Notfallprogramm

Eine Selbstschutzstrategie ist oft ein Notfallprogramm.

Als Anna sehr klein war, reagierten ihre Eltern unfreundlich, wenn sie versuchte, ihre Aufmerksamkeit zu gewinnen. Sie vermittelten ihr vielleicht, dass sie sie als störend empfanden, oder schauten sie mit einem Blick an, in dem Anna Stress oder Unbehagen las. Das war ihr so unangenehm, dass sie aufgab und ihr Leben lebte, ohne das zu entwickeln und zu verinnerlichen, was wir die «gesunde Kompetenz, die Aufmerksamkeit anderer zu wecken» nennen können.

Stattdessen setzte Anna ihre ganze Kreativität dafür ein, eine andere Lösung zu finden. Kinder sind nämlich ausgesprochen abhängig davon, eine enge Bindung zu ihrer Bezugsperson, zumeist einem Elternteil, zu entwickeln. Sie fand heraus, dass sie mehr

Erfolg hatte, wenn sie ihre Aufmerksamkeit anbot. Wenn sie also das Bedürfnis nach mehr Aufmerksamkeit spürte, setzte sie sich neben ihren Zeitung lesenden Vater und signalisierte Interesse am Inhalt seiner Lektüre. Das wiederum fand ihr Vater meistens recht gemütlich, und so konnte sie sich dicht neben ihn setzen und seine Körperwärme spüren. Auf diese Weise erfuhr sie die Bindung, die für Kinder so lebenswichtig ist.

Als Erwachsene hat Anna hervorragende Kompetenzen darin entwickelt, sich zurückzuhalten und anderen stattdessen ihre Aufmerksamkeit anzubieten. Das ist eine gute Basis. Allerdings nimmt sie ihr eigenes Bedürfnis nach Aufmerksamkeit nicht mehr besonders gut wahr, was sich als problematisch erweist. Sie spürt den Drang, mit jemandem zusammen zu sein. Wenn das der Fall ist, besucht sie normalerweise eine Freundin, und wenn sie sich dann bei einer Tasse Kaffee zusammengesetzt haben, fragt sie: «Wie geht es dir?» Über diese Frage freuen sich die meisten, und die Freundin erzählt und erzählt. Anna versteht nicht, warum sie selbst dabei immer gereizter und frustrierter wird.

Ohne sich selbst darüber im Klaren zu sein, setzt sie ein aus der Not geborenes Manöver ein, das sie in ihrer Kindheit entwickelt hat. Ihr eigenes Bedürfnis nach Aufmerksamkeit spürt sie nicht mehr oder aber gibt es auf, sobald sie sich dessen bewusst wird. Stattdessen löst sie das Notfallprogramm aus und schaltet auf Autopilot um.

Wenn Anna erkennt, wie sie ihr eigenes Bedürfnis nach Aufmerksamkeit behandelt, kann sie ihre Herangehensweise verändern. Setzt sie sich das nächste Mal mit ihrer Freundin zusammen, ist sie vielleicht imstande, etwas ganz Neues zu wagen und mehr von sich selbst zu erzählen.

Und Annas Mann kann erleichtert aufatmen, wenn sie ihm, anstatt ihm mit ihrer Frustration auf die Nerven zu gehen, konkret sagt, was sie gerne möchte. Zum Beispiel: «Ich würde mich wirklich freuen, wenn du mir in der nächsten Viertelstunde deine ungeteilte Aufmerksamkeit schenkst.»

Das ist nicht so leicht und schmerzlos, wie es sich anhört. Sobald sich Anna ihres Notfallprogramms bewusst wird und begreift, wie sie ihr eigenes Bedürfnis nach Aufmerksamkeit fehlgeleitet hat, wird sie Trauer empfinden. Vielleicht durchlebt sie Episoden aus ihrer Kindheit erneut, die dazu führten, dass sie ihr Bedürfnis aufgab. Wenn sie aufhört, ihr Notmanöver einzusetzen, fühlt sie sich im Kontakt mit anderen hilflos und unsicher, bis sie eine neue Verhaltensweise entwickelt und verinnerlicht hat.

Selbstschutz als vorläufige Lösung

Die folgende Geschichte illustriert, was Selbstschutz sein kann und wie man ihn aktiv einsetzen und in einer guten, sicheren Umgebung auch wieder aufheben kann.

Der sechsjährige Jasper setzt seinen Schulranzen auf, winkt seiner Mutter zum Abschied und macht sich auf den Schulweg. Auf der Schultreppe muss er einige größere Jungen passieren. Jasper lächelt ihnen zu, doch als er an ihnen vorbeigeht, stellt ihm einer der Jungen ein Bein, sodass Jasper stolpert und sich das Knie aufschlägt. Es blutet. Der große Junge grinst auf ihn herab und nennt ihn «Baby», ehe er sich abwendet und geht.

Jaspers Mund zittert, und einen Augenblick überlegt er, ob er nicht einfach umdrehen und wieder zu seiner Mutter laufen soll. Doch die Lust auf die Schule und seine Freunde siegt über diesen Impuls, also setzt Jasper seinen Weg fort. Seine gute Laune allerdings ist dahin. Das Verhalten des großen Jungen hat Jasper schockiert, und das Knie tut weh.

In der Schule geht es ihm nicht besonders gut, aber er versucht, den Vorfall zu vergessen und sich auf den Unterricht zu konzentrieren. Er distanziert sich von seinem Schrecken und vermeidet es, sich selbst zu spüren. Richtig schwer wird es, als die Pausenaufsicht Bente ihn mit mitfühlendem Blick fragt: «Wie geht es dir denn, kleiner Jasper?» Jasper merkt, wie Tränen in ihm aufsteigen, kann sie aber unterdrücken, indem er sich schnell bewegt und Bente abblitzen lässt. «Gut!», ruft er ihr zu und flitzt weg.

Jasper versucht, beim Ballspiel der anderen Kinder mitzumachen, merkt aber, dass er eigentlich keine Lust dazu hat.

Als er nach Hause kommt, ist Mama nicht da, also

setzt er sich an den Computer und fängt an zu spielen. Kurz darauf hört er die Mutter hereinkommen. «Hallo Jasper!», ruft sie. In dem Augenblick bricht Jasper in Tränen aus. Mama kommt herein und nimmt ihn auf den Schoß. Sie reden über den Zwischenfall mit den großen Jungen und darüber, wie sehr es wehtat und wie er Angst bekam. Die Mutter versorgt das Knie und klebt ein Pflaster darauf.

Kurz darauf ist Jasper wieder fröhlich und zum Spielen aufgelegt. Er ist wieder mit seinen Gefühlen im Reinen.

Weil Jasper nach seinem schlimmen Erlebnis beschloss, zur Schule zu gehen, musste er sich von seinen unmittelbaren Gefühlen distanzieren. Den ganzen Schultag über kämpfte er damit, das Weinen unter Kontrolle zu behalten. Nun könnte man gewissermaßen sagen, das sei verschwendete Lebenszeit. Von dem Moment an, da sich Jasper wehgetan hat, bis zu dem Zeitpunkt, zu dem er zusammen mit seiner Mutter darauf reagieren kann, ist er nicht mit sich und seinem Schmerz in Kontakt – und ebenso wenig mit seiner Freude und seiner Lust am Spielen. Er agiert wie ein Roboter und versucht nur, sich anzupassen.

Andererseits ist es klug, dass Jasper damit wartet, seinen Gefühlen nachzuspüren, bis er in der sicheren Umgebung bei seiner Mutter ist, von der er weiß, dass sie ihm helfen kann, die unangenehme Erfahrung zu verarbeiten und zu verstehen. Seinen Gefühlen freien Lauf zu lassen, wo und bei wem auch immer man sich gerade befindet, ist nicht klug. Hätte er sich dafür entschieden, seine Gefühle zu spüren und sie auf dem Schulhof Bente gegenüber auszudrücken, hätte sie ihn vielleicht missbilligend angesehen und ihn gebeten, sich zusammenzureißen. Das wäre ihm schrecklich unangenehm gewesen, und er hätte sich hinterher noch schlechter gefühlt.

Stattdessen versucht Jasper durchzuhalten, bis er wieder bei seiner Mutter ist. Er lässt seine Gefühle außen vor – in diesem Fall eine gute Selbstschutzstrategie. Und er hat zum Glück eine Mutter, die ihn trösten kann und ihm hilft, mit seinen Gefühlen zurechtzukommen und wieder guten Kontakt zu sich selbst aufzubauen.

Selbstschutzstrategien sind oft eine gute vorläufige Lösung, und sie sind sinnvoll, wenn man weiß, wie man sie einsetzt. Auf diese Weise lässt sich besser steuern, wann und wie man sich um sein Inneres kümmert und wann man lieber soziale Konventionen aufrechterhalten oder sich einfach nur auf die gerade anstehenden Aufgaben oder Herausforderungen konzentrieren möchte.

Selbstschutz nach innen wie nach außen

Man kann zwischen zwei Formen des Selbstschutzes unterscheiden. Mit der einen schützt man sich davor, seine eigenen beängstigenden Gefühle, Gedanken oder Wünsche zu spüren. Dies wird intrapsychisch genannt (die Vorsilbe «intra» stammt aus dem Lateinischen und bedeutet «innerlich»). Mit der anderen kann man sich dagegen schützen, dass einem andere zu nahe kommen. Diese Art interpersoneller Selbstschutz («inter» stammt ebenfalls aus dem Lateinischen und bedeutet «zwischen») kommt bei Beziehungen zu anderen Menschen ins Spiel.

Jasper nutzt sowohl intrapsychischen als auch interpersonellen Selbstschutz. Einerseits schafft er Abstand zu seinen Gefühlen. Er richtet sich auf und seufzt ein, zwei Mal. Andererseits stellt er auf dem Schulhof Abstand zu Bente her. Er ruft «Gut!» und rennt weg. Beides zusammen genügt. Vielleicht ist es sogar klug, dass er sich Bente gegenüber, die er nicht besonders gut kennt, nicht einfach seinen Gefühlen hingibt, besonders, weil er ja weiß, dass ihm die Mutter zu Hause gewiss helfen wird, wieder mit sich selbst ins Reine zu kommen.

Im Folgenden finden sich einige Beispiele für Körpersprache und anderes Sozialverhalten, das typischerweise dazu eingesetzt wird, sich von anderen zu distanzieren.

Körpersprache:
- Blickkontakt meiden;
- Arme verschränken, Beine überkreuzen, abweisend schauen;
- dem Gegenüber den Rücken oder die Körperseite zuwenden.

Sozialverhalten:

- die Person kritisieren, die Nähe sucht;
- einen Konflikt beginnen;
- sich Begegnungen auf Augenhöhe entziehen oder andere in die Rolle von Schuldnern drängen, indem man ihnen unverhältnismäßig teure Geschenke macht oder seine Dienste in übertriebener Weise anbietet.

Es ist durchaus möglich, eine oder mehrere dieser Selbstschutzstrategien anzuwenden, ohne sich dessen bewusst zu sein. Dann fühlt man sich beispielsweise nach einem Gespräch unzufrieden, nimmt sich selbst aber nicht als denjenigen wahr, der eine befriedigende Tiefe des Gesprächs verhindert.

Manche Menschen müssen sogar lernen, interpersonelle Schutzstrategien anzuwenden. Oft bringe ich hochsensiblen Menschen bei, wie sie sich besser gegen die Vertraulichkeiten anderer abschirmen können, wenn sie sich davon überwältigt fühlen oder es ihnen die Kräfte raubt, sich darauf einzulassen.

Hochsensible Menschen stellen oft überhöhte Ansprüche an sich, wenn es darum geht, wie aufmerksam und zugewandt sie anderen begegnen. Sie müssen lernen, dass es völlig in Ordnung ist, wegzuschauen oder sich abzuwenden, wenn sie es nicht schaffen, weiter in die Wirklichkeit des anderen eingebunden zu werden, oder etwa den Blick zu senken, wenn der Blickkontakt zu überwältigend wird.

Interpersoneller Selbstschutz ist eine wichtige Kompetenz. Es kommt allerdings ganz wesentlich darauf an, zu wissen, wann man ihn einsetzt und wie groß der gewünschte Abstand wem gegenüber wann sein soll. Das Gleiche gilt für die intrapsychischen Strategien, über die ich im folgenden Abschnitt mehr erzählen möchte.

Selbstschutzstrategien, die Distanz zu unserem eigenen Inneren schaffen

Manche Zeiten eignen sich nicht besonders gut für die Selbstreflexion, beispielsweise, wenn man sich bei der Arbeit auf seine Aufgaben konzentrieren möchte. Dann ist es gut, wenn man in der Lage ist, einen inneren Schmerz oder Konflikt für eine Weile auf Abstand zu halten und seine Aufmerksamkeit erst später nach innen zu richten.

Eine grundlegende intrapsychische Selbstschutzstrategie, die uns beim Herstellen dieser Distanz hilft, ist die Verdrängung. Dabei handelt es sich um eine Form des Vergessens, für die wir uns in der Gegenwart entscheiden (oder die wir in der Vergangenheit einmal wählten), um anschließend zu vergessen, dass wir uns überhaupt für das Vergessen entschieden haben. Das Ganze ist einfach aus unserem Bewusstsein verschwunden. Wir ahnen nicht mehr, dass uns ein Elternteil einmal auf beängstigende Weise missbrauchte.

Das kann sich auch körperlich ausdrücken, indem man beispielsweise alle Muskeln anspannt oder nur noch sehr flach atmet. Wenn wir unseren Körper nicht spüren wollen, atmen wir oft ganz automatisch nicht mehr tief durch. Als Psychotherapeutin achte ich auf die Atmung meiner Klienten und kann sehen, wie leicht sie im oberen Bereich des Brustkorbs «hängen bleibt», wenn etwas Unangenehmes zur Sprache kommt.

Im Folgenden schildere ich einige weitere Beispiele für intrapsychische Selbstschutzstrategien:

Ablenkung Indem man beispielsweise mit seinem Smartphone in der Hand herumläuft, ununterbrochen online ist und in kurzen Intervallen bei Facebook nachliest.

Projektion Wir erleben Gefühle oder Eigenschaften, mit denen wir uns schwertun, als gehörten sie anderen Menschen an und nicht uns selbst. Ein gutes Beispiel dafür ist, dass eine Mutter ihr hellwaches Kind ins Bett legt, wenn sie ihre eigene Müdigkeit spürt, weil sie meint, das Kind sei müde.

Betäubung Wir betäuben uns mit einem Übermaß an Essen, Unterhaltung, Schlaf oder anderen Formen missbräuchlichen Konsums.

Ausblenden der Wirklichkeit Wir ignorieren die Zeichen, die uns zeigen, ob andere Menschen uns mögen oder nicht. Stattdessen stützen wir unsere Vermutungen darüber auf unsere eigenen Gedanken oder Fantasien.

Übertrieben positives Denken Wie selbstverständlich gehen wir davon aus, dass andere nur unser

Bestes wollen. Dabei beschämen sie uns, und wir weichen auf diese Weise unserer eigenen Wut oder Trauer aus.

Oft wenden wir mehrere Selbstschutzstrategien gleichzeitig an, die schichtweise übereinanderliegen können, wie das folgende Beispiel zeigt:

Karens Partner schaut immer weg, wenn sie ihn fragt, ob er es mit ihrer Beziehung ernst meint. Weil sie mit ihrer emotionalen Reaktion darauf nicht zurechtkommt, möchte sie sich auf verschiedene Arten schützen.

1. Sie «vermeidet» es, seinem ausweichenden Blick Aufmerksamkeit zu schenken (stellt sich blind).
2. Sie sieht den Blick, denkt aber: «Bestimmt ist es nur Zufall, dass er nicht herschaut. Außerdem hat er letztes Jahr im Urlaub ja gesagt, dass er mich liebt, also tut er das selbstverständlich auch» (übertrieben positives Denken).
3. Sie wagt es, den Gedanken zu denken: «Vielleicht meint er es nicht ernst.» Gleichzeitig verschwindet ihr Atem im oberen Bereich des Brustkorbs (Vermeiden tiefer Atemzüge).
4. Ihr fällt ihre flache Atmung auf, und sie merkt, dass sie den ganzen Körper anspannt. Daraufhin atmet sie bewusst tief durch. Außerdem spürt sie den Drang, aufs Handy zu schauen (Ablenkung).

In der Gegenwart von Menschen, bei denen wir uns sicher fühlen, können wir unsere Gefühle und unser Verhalten besser reflektieren. Im besten Fall würde Karen es wagen, im Beisein einer engen Freundin, die gut zuhören und ihr den Rücken stärken kann, die Gedanken zu Ende zu denken, und ihre emotionale Reaktion bewusst spüren.

Im schlimmsten Fall laufen bei ihr so viele Selbstschutzstrategien ab, dass sie keine guten Freunde hat. In diesem Fall geht sie das Risiko ein, jahrelang mit ihrem Partner zusammen zu sein, ohne der Frage, wie ernst es ihm mit der Beziehung ist, auf den Grund zu gehen.

Das Gleichgewicht zwischen intrapsychischem und interpersonellem Selbstschutz

Interpersonelle Selbstschutzstrategien schützen vor allzu großer Nähe zu anderen, intrapsychische Selbstschutzstrategien vor eigenen Gedanken, Gefühlen oder Wünschen. Aber der eigene emotionale Zustand und die Nähe oder Abwesenheit anderer Menschen sind eng miteinander verknüpft. Als Menschen wecken wir wechselseitig viele verschiedene Gefühle und Reaktionen – und intrapsychische und interpersonelle Selbstschutzstrategien können einander ergänzen.

Wer starke Selbstschutzstrategien anwendet, braucht weniger starken Schutz nach außen. Er oder sie wirkt typischerweise stabil und kommt mit einer Vielzahl sozialer Kontakte zurecht.

Die Person ist in der Regel äußerst offen und kommunikationsfreudig, kennt keine Angst, scheint guten Kontakt zu den eigenen Gefühlen zu haben und sich selbst gut zu kennen. Aber möglicherweise ist dieses «Selbst», mit dem sie sich identifiziert, ein fiktives Selbst. Oder womöglich sind die Gefühle, von denen sie spricht, «Pseudogefühle», das heißt Gefühle, die sie sich ausgedacht hat oder von denen sie beschlossen hat, sie zu fühlen – besser diese Gefühle als diejenigen, die sie tatsächlich unwillkürlich empfindet. Sie trägt eine soziale Maske, mit der sie sich voll und ganz identifiziert, wodurch sie kaum noch Kontakt zu ihren tiefer liegenden Gefühlen und Wünschen hat. Eine Aussage wie: «Ich bin immer froh» deutet daraufhin, dass die Person zu ihren echten Gefühlen keine Verbindung mehr hat.

Je schwächer die intrapsychischen Selbstschutzstrategien sind, desto mehr interpersonelle Selbstschutzstrategien benötigt man. Menschen, deren Selbstschutzstrategien gegenüber ihrem Inneren schwach ausgeprägt sind, sind auf stärkere äußere Schutzmaßnahmen gegenüber ihrer Umgebung angewiesen. Sie sind schnell von sozialen Kontakten überfordert und brauchen den Rückzug, um sich selbst zu finden.

Bei hochsensiblen Menschen sind die Selbstschutzstrategien gegenüber dem eigenen Inneren typischerweise schwächer ausgeprägt als bei den meisten anderen. Sie haben einen besseren Zugang zu ihrem Unterbewusstsein und spüren ihr Innenleben stärker als die Mehrzahl der anderen Menschen.

Deshalb entscheiden sich manche hochsensiblen Menschen zeitweilig dafür, sich ganz zurückzuziehen. Isolation ist nämlich die sicherste Art, Nähe auszuweichen, weil diese Nähe vielleicht zu überwältigend ist oder alten Kummer weckt.

Zu wenig oder zu viel Selbstschutz – hier gibt es kein Entweder-oder. Für viele Menschen gilt, dass es in manchen Bereichen besser wäre, überkommene oder überflüssige Selbstschutzstrategien abzulegen, während sie sich durch die Entwicklung neuer Selbstschutzstrategien in anderen Bereichen stärker aufstellen könnten.

Selbstschutz, für den wir uns von Zeit zu Zeit bewusst entscheiden, ist eine Stärke. Wenn er aber einsetzt, ohne dass uns das bewusst ist, kann er Probleme verursachen – und wir verstehen womöglich nicht, warum in unseren zwischenmenschlichen Kontakten seltsame andere Dinge vor sich gehen. Die Gründe dafür erläutere ich im nächsten Kapitel.

Kapitel 2

Wenn sich Selbstschutzstrategien verselbständigen

Wir wollen uns noch einmal Jaspers Geschichte zuwenden. Wir erinnern uns: Jasper hatte sich auf dem Weg zur Schule das Knie verletzt und setzte daraufhin verschiedene Selbstschutzstrategien ein, um sich nicht selbst zu spüren. Angenommen, ein anderer Junge, Martin, hätte dasselbe erlebt. Nun kommt Martin aber zu einer Mutter nach Hause, die nicht in der Lage ist, ihm so zu helfen, wie es nötig wäre. Vielleicht sagt sie ihm, dass das doch kein Grund zum Weinen sei, dass er selbst so etwas schon einem anderen angetan habe oder er sich hätte wehren sollen. Martin würde dadurch am nächsten Tag mit der ganzen Last seiner unbewältigten Gefühle zur Schule gehen und seine ganze Kraft dafür brauchen, um die Angst vor den großen Jungen zu unterdrücken und seinen Kloß im Hals unter Kontrolle zu behalten.

Im besten Fall wendet er sich dann an andere Erwachsene. Zum Beispiel an Bente auf dem Schulhof.

Es besteht aber das Risiko, dass er sich nun gegen andere fürsorgliche Personen entscheidet, um seiner Mutter gegenüber loyal zu bleiben oder weil er sich jetzt vor den eigenen Gefühlen fürchtet, nachdem sie seine Mutter nicht anerkannt hat. Falls er sich dazu entschließt, sich von seinem Inneren zu distanzieren (wie es die Mutter getan hat), und er sich in der Schule an einen Erwachsenen wenden muss, wird das nicht die mitfühlende Bente sein, denn ihre Empathie würde den Schutzschild angreifen, mit dem er sich umgibt.

Wenn ein anderer Mensch die Gefühle bemerkt, mit denen wir selbst gerade nicht in Verbindung treten möchten, verstärkt das diese Gefühle, und wir können sie dann womöglich nicht mehr unter Verschluss halten.

Wenn Martin Abstand zu seinen Gefühlen schafft, muss er sich gleichzeitig gegen die Fürsorgeangebote anderer schützen, weil liebevolle Aufmerksamkeit seine Selbstkontrolle bedrohen würde. Müsste er sich an einen Erwachsenen wenden, würde er sich nicht für Bente, sondern für Herrn Rieber entscheiden, der eher kühl und ständig abgelenkt ist und dem das Gespür für Martins Verletzlichkeit fehlt.

Wenn dieses Verhalten, das einen interpersonellen Selbstschutz darstellt, so oft angewandt wird, dass es sich einschleift und mit der Zeit automatisch abläuft, wird Martin sich später nicht darüber bewusst sein, dass er als Erwachsener beispielsweise konsequent Partner wählt, die eher kühl oder in gewissem Grad emotional unnahbar sind.

Wurden Selbstschutzstrategien verinnerlicht und automatisiert, kann uns das aus der Bahn werfen. So verstehen wir selbst nicht, warum sich uns ständig Hindernisse in den Weg stellen oder warum wir stets die gleichen Reaktionen oder Verhaltensmuster zeigen, die wir zwar nicht wollen, von denen wir uns aber auch nicht befreien können.

Eine Selbstschutzstrategie muss in der Kindheit nicht zwingend häufig wiederholt eingesetzt werden, um automatisiert zu werden. Es ist ein wenig so wie mit dem Fahrradfahren. Am Anfang denken wir noch viel darüber nach, wie wir die Füße auf die Pedale stellen und in welcher Reihenfolge. Wir bemühen uns sehr, die Hände ordentlich an den Lenker zu legen, um das Gleichgewicht zu halten. Haben wir jedoch erst einmal das Fahrradfahren gelernt, fahren wir einfach, ohne weiter darüber nachzudenken, wie. Ganz ähnlich können wir mit einer Selbstschutzstrategie leben, von der wir gar nicht mehr wissen, dass es sie gibt oder ob wir sie anwenden.

Selbstschutzstrategien vollziehen sich meistens unbewusst, und manchmal leben wir so lange mit ihnen, dass wir glauben, sie seien ein Teil unserer Persönlichkeit. Wer seine Selbstschutzstrategien so versteht, reagiert natürlich ärgerlich, wenn jemand ihn darauf anspricht und Alternativen für den Umgang mit anderen vorschlägt. Er sagt vielleicht: «Versuch nicht, mich zu ändern. Ich bin eben jemand, der die Fürsorge anderer nicht braucht. Ich komme bestens allein zurecht. Du musst lernen zu akzeptieren, dass ich nun einmal so ticke.» Und wenn das ein anderer infrage stellt, wird er sich kritisiert, ja sogar persönlich angegriffen fühlen.

Wenn man sich ganz und gar mit seinen Selbstschutzstrategien identifiziert, sollte man sich in einem ersten Schritt bewusst werden, dass man mithilfe angeeigneter Verhaltensweisen eine Distanz aufgebaut hat – eine Distanz zu anderen Menschen, zu den eigenen Gefühlen und zum klaren Blick auf die eigene Lebenssituation. In einem nächsten Schritt sollte man die Motivation und den Mut aufbringen, dies zu ändern.

Wenn man merkt, dass man sich manchmal selbst ein Bein stellt und seine Möglichkeiten torpediert, größere Nähe in Beziehungen zu anderen und zu sich selbst zuzulassen, ist man schon auf dem richtigen Weg. Das muss noch nicht heißen, dass man genau versteht, was man tut, um dieser eigentlich herbeigesehnten Nähe auszuweichen. Aber wenn man offen und interessiert daran ist, dies herauszufinden, ist man schon weit gekommen.

Von starken Selbstschutzstrategien – besonders in Liebesbeziehungen – handelt das nächste Kapitel.

Kapitel 3

Angst vor Nähe, Trauer und Kontrollverlust

Eine Liebesbeziehung bringt neben Glück und verbesserter Lebensqualität potenziell auch zwei Formen der Sorge mit sich. Zum einen ist das die Trauer um die Möglichkeiten, die dadurch auf der Strecke bleiben. Wenn wir uns für einen bestimmten Partner entscheiden, entscheiden wir uns gleichzeitig gegen bestimmte Aspekte, die andere potenzielle Partner mit sich bringen könnten. Es gibt nicht die eine Person, die alles in sich vereint, was wir uns wünschen. Wenn wir uns also für einen bestimmten Menschen entscheiden, verabschieden wir uns damit auch davon, das von unserem Partner zu bekommen, was der oder die Auserwählte nun einmal nicht mitbringt. Das ist die eine Sorge. Die andere richtet sich auf etwas Zukünftiges, denn zu jeder Liebesbeziehung gehört auch eine Trauer um etwas, das noch nicht geschehen ist. Wir verlieren, wen wir lieben – spätestens durch den Tod, wenn nicht schon vorher. Wer große Angst vor Verlusten und

Trauer hat, entwickelt möglicherweise einen unbewussten Widerstand dagegen, dass ihm andere Menschen wichtig werden.

Wer gut mit Trauer zurechtkommt, fürchtet sich weniger vor dem Gedanken, jemanden zu vermissen. Wer weiß, dass man eine Trauererfahrung überleben und aus dieser Zeit mit frischem Lebensmut und neuen Erkenntnissen hervorgehen kann, fürchtet sich nicht in demselben Maße wie ein anderer, der dieses Wissen nicht hat.

Trauern zu können und sich dafür Zeit zu nehmen, ist ungeheuer wichtig, die Chance dazu fehlt aber in unserer heutigen Zeit oftmals. Manchmal höre ich von Klienten, dass sie nach bestimmten Erlebnissen erst einmal einen Gang zurückgeschaltet haben. Schon bald jedoch gerieten sie in den «Verdacht», depressiv zu sein, und ihnen wurden entsprechende Medikamente angeboten. So fühlten sie sich genötigt, schnell wieder in das normale Lebenstempo zurückzufinden, nicht zuletzt auch, um den Erfordernissen des Arbeitsmarktes zu genügen. Das ist überaus schade, denn die Fähigkeit zu lieben und die Fähigkeit zu trauern sind unauflöslich miteinander verbunden.

Ulla, die mehrere Beziehungen hinter sich hatte und gerade auf eine neue zusteuerte, war sich voll und ganz des Risikos bewusst, dass auch die neue Beziehung vielleicht nur von kurzer Dauer sein würde. Das schreckte sie aber nicht ab. Sie sagte: «Ich habe schon vorher Verluste erlitten und weiß, dass das nicht schlimm ist. Ich weine ein paar Tage lang und suche mir jemanden zum Reden, und so ist es nur eine Frage der Zeit, bis ich wieder bereit bin, Neues zu wagen.»

Von verdrängter Trauer kann man sprechen, wenn man schon früher Verlusterfahrungen gemacht hat, die man nicht an sich heranlassen und spüren wollte und die man deshalb auch nicht ordentlich bearbeitet hat. Dann wächst die Angst vor neuerlichen Verlusten.

Als Psychotherapeutin erlebe ich, dass überraschend viele Menschen eine große oder kleine verdrängte Trauer mit sich herumschleppen. Das kann eine Jugendliebe sein oder eine Trauer aus der Kindheit, weil beispielsweise ein geliebtes Großelternteil oder eine andere liebe Person gestorben ist, als man noch zu klein war, um zu begreifen, was «nie mehr» tatsächlich bedeutet. Häufig erfuhren sie dabei auch keine Hilfe, denn noch vor wenigen Jahrzehnten «verschonte» man Kinder mit dem Wissen um den Tod, indem man nicht darüber sprach und sie im Normalfall auch nicht mit zu Beerdigungen nahm.

Viele Menschen «vergessen» diese wichtige Person, die so plötzlich verschwand, weil ihr Verlust mit so viel Trauer und Verwirrung verbunden war, dass sie sich am liebsten gar nicht daran erinnern möchten. Wer aber mit unverarbeiteter Trauer im Gepäck durchs Leben geht, wird anfällig für neuen Kummer. Wir wissen intuitiv, dass neue Trauer die alte wieder aufreißen wird und den Selbstschutz zu zerstören droht, den wir durch das Vergessen der beklemmenden Gefühle wie auch der geliebten Person aufgerichtet haben.

Verdrängte Trauer taucht in der Psychotherapie

häufig auf. Es kann eine große Erleichterung sein, sich wieder an die geliebte Person zu erinnern und ihre Ressourcen und die mit ihr verbundenen positiven Gefühle in die eigene Persönlichkeit zu integrieren. Aber viele Menschen werden sich ihr Leben lang einer solchen Sorge nicht bewusst und entwickeln mehrere unverhältnismäßige Selbstschutzstrategien, die das Erkennen der Trauer als solche verhindern.

Wir können alter und neuer Trauer beispielsweise ausweichen, indem wir uns gar nicht erst auf tiefere Beziehungen einlassen. Manche Menschen kennen keine liebevollen oder gar romantischen Beziehungen, sondern nur die Art von Beziehungen, die wir als Tauschgeschäfte bezeichnen können. Wir tauschen Dienstleistungen aus. Du hörst dir meine Frustration an und ich mir deine. Wir unterhalten uns und lenken einander ab. Solche Tauschbeziehungen sind an sich nicht schlecht, aber wenn es die einzigen Beziehungen sind, die wir haben, fehlt uns etwas. Andererseits laufen wir so kaum Gefahr, uns einer Trauer auszusetzen. Eine Tauschbeziehung zu ersetzen ist verhältnismäßig einfach. Sehr viel schwerer fällt es, Ersatz zu finden, wenn wir uns so tief auf eine Beziehung eingelassen haben, dass die oder der andere für uns ganz einzigartig geworden ist und die eigene Lebensfreude sehr eng mit ihm oder ihr verbunden oder sogar von ihm oder ihr abhängig war.

Viele Ehen sind in Wahrheit Tauschbeziehungen. Das Paar sorgt wechselseitig für die Erfüllung der Bedürfnisse (zumindest teilweise) und obendrein spart man

Lebenshaltungskosten, weil man sich etwa die Miete teilt. Aber die Partner schaffen es nicht – oder nicht mehr – die Augen des anderen zum Leuchten oder den inneren Garten des anderen zum Blühen zu bringen.

Indem man es vermeidet, sich auf Liebesbeziehungen einzulassen, sichert man sich gegen größere Verluste ab.

Viele Menschen sind sich ihrer inneren Konflikte nicht bewusst. Sie selbst sind überzeugt davon, dass sie sich sehr gerne auf eine Liebesbeziehung einlassen wollen – und wundern sich, dass ihnen immer etwas in die Quere kommt. Aber unbewusst arbeiten sie aus einem ganz anderen Interesse dagegen an, nämlich dem, sich gegen Schmerz zu schützen. Deshalb haben sie verschiedene Strategien entwickelt, damit eine Beziehung nicht so wichtig wird, dass der Verlust zu schmerzhaft oder überwältigend wäre, wenn sie eines Tages endet.

Oder sie können die Trauer um diejenigen, *gegen* die sie sich entscheiden würden, nicht aushalten, und trauen sich deshalb nicht, sich *für* jemanden zu entscheiden.

Verstehen Sie mich bitte richtig: Es geht nicht darum, dass die einen sich trauen und die anderen auf dem Gebiet eben Feiglinge sind. Die Ursache für mangelnden Mut in der Liebe ist in der Regel, dass manche Menschen in ihrem Leben schon großen Schmerz durchleben mussten, ohne Hilfe zu erfahren. Deshalb sind sie extrem empfindlich, was den Verlust von Liebe angeht. Ein Klient erzählt:

«Früher wollte ich mich einfach nicht an die Spielregeln im Leben halten. Ich wollte Liebe *und* Sicherheit. Inzwischen habe ich eingesehen, dass ich entweder mein Leben damit verschwenden kann, nach einer Form von Sicherheit zu suchen, die einen viel zu hohen Preis hat, oder mich darin übe, im Strom des Lebens mitzuschwimmen. Mit großem Bibbern versuche ich jetzt Letzteres.»

Kapitel 4

Muster, die ein gelingendes Liebesleben verhindern können

In diesem Kapitel beschreibe ich unterschiedliche typische Muster und Strategien von Menschen, die mit ihrem Liebesleben Probleme haben.

Die Taube auf dem Dach fangen wollen

Der Spatz in der Hand ist besser als die Taube auf dem Dach, lautet ein Sprichwort. Nähe kann man unter anderem vermeiden, indem man sich konsequent für die Taube außerhalb der eigenen Reichweite interessiert.

Ein Beispiel dafür ist Sofie. Sofie stellte sich oft vor, wie sie mit für sie unerreichbaren Menschen zusammenkommen würde. Das konnte beispielsweise jemand sein, der bereits in einer Paarbeziehung war. Oder jemand so gut Aussehendes, Kluges oder Reiches, dass die Chance, er oder sie könnte sich für Sofie entscheiden, sehr gering war.

Ein anderes Beispiel ist Ida. Unbeirrbar begeisterte sie sich ausschließlich für Personen, die sich nicht für sie interessierten. Sie selbst erlebte es so, dass niemand sie wollte, doch in Wirklichkeit nahm sie schon von Weitem unbewusst das Interesse des Mannes wahr. War dieses Interesse gering, war sie Feuer und Flamme und sämtliche Fantasien kochten hoch. Positive Gefühle blühten in ihr auf und sie stellte sich vor, wie sehr sie eine Beziehung mit genau diesem Mann lieben würde. Doch tatsächlich war sie einmal so verletzt worden, dass sie mittlerweile nicht mehr wagte, zu lieben oder sich von anderen Menschen abhängig zu machen. Solange die begehrte Person unnahbar war, konnte sie ihren Fantasien in aller Ruhe nachgehen.

Traf Ida jedoch einen Mann, der ihr sein ungeteiltes positives Interesse signalisierte, bekam sie Angst, und eine andere Selbstschutzstrategie setzte ein. Wir wollen sie «Finde fünf Fehler» nennen. So bemerkte sie beispielsweise, dass die Hosenbeine des Mannes zu kurz waren, und fand ihn peinlich. Oder sie konzentrierte sich auf den Umfang seiner Oberschenkel und dachte: «So dicke Oberschenkel würden mich nie reizen.» Es konnten auch andere Kleinigkeiten sein, die plötzlich große Bedeutung gewannen und zu einem Riesenproblem wurden. Also ließ sie ihn kurzerhand abblitzen.

Ida sprach viel davon, dass sie gerne einen Partner hätte, war sich aber nicht bewusst, wie viel Angst sie tatsächlich hatte. Mit einem konkreten, erreichbaren Mann eine Beziehung einzugehen hieß auch, sich gegen alle anderen möglichen (Traum-)Männer zu entscheiden. Außerdem hat ein konkreter Mann seine Grenzen und eigene Bedürfnisse und will um seiner selbst willen existieren. So lange man von einem fantastischen, aber unnahbaren Mann träumt, ist es möglich, sich das Unmögliche vorzustellen: bedingungslose Liebe in unbegrenzten Mengen.

Dorte zeigte ein ähnliches Muster. Sie war seit vielen Jahren mit Ole verheiratet, schaffte es aber nicht, zu ihm die Nähe zu finden, die sie brauchte. Zu Beginn der Therapie war sie ganz mit seinen Unzulänglichkeiten beschäftigt. Aber später entdeckte sie, dass sie immer dann, wenn er ihr Nähe und Intimität anbot, die «Finde fünf Fehler»-Strategie anwandte – und genau in diesen Situationen sehr schnell einen Streit anfing.

Es zeigte sich, dass Dorte Angst davor hatte, emotional von ihrem Ehemann abhängig zu werden. Sie hatte Sicherheit darin gefunden, auf der gefühlsmäßigen Ebene alleine zurechtzukommen. Also musste sie sich nicht mehr so sehr davor fürchten, ihn zu verlieren oder ihre eigenen Grenzen ihm gegenüber nicht mehr wahren zu können.

Sobald Sofie, Ida und Dorte es wagten, das Ausmaß ihrer Angst wahrzunehmen, konnten sie anfangen, an sich zu arbeiten, und einige der Strategien ablegen, die sie daran hinderten, das zu finden, wonach sie suchten.

Sich gegen Herzschmerz zu versichern, indem man den größten Teil des Liebeslebens nur in der eigenen

Gedankenwelt stattfinden lässt und enge Beziehungen meidet, ist eine von vielen Möglichkeiten, sich zu schützen. Im Folgenden zeige ich mehrere Fallen auf, in die man dabei tappen kann.

Wenn man den Frosch küsst, wird er zum Prinzen

Manche Menschen entscheiden sich konsequent dafür, einen potenziellen Partner zu umwerben, der nicht viel zu geben vermag oder aber weder Lust auf Nähe und Wärme noch sonderlich viel Talent dafür hat. Gerade die Vorstellung, dass die verschlossene Person in ihrem Inneren ein enormes Bedürfnis nach Liebe und Fürsorge habe, und der Traum davon, wie glücklich alles ausgehen könne, lassen womöglich den Funken überspringen.

Die Vorstellung, man könne den anderen «erlösen», kann einem eine falsche Sicherheit vorgaukeln. Man glaubt nur allzu gerne, dass ein Partner, den man selbst aus der Dunkelheit gerettet hat, so dankbar, glücklich und von seinem Retter so abhängig sein wird, dass er ihn niemals verlassen wird.

Aber normalerweise verändert der Frosch sich nicht, und wenn man ihn jahrelang noch so oft küsst. Oder er verändert sich doch und sucht sich dann mit seinem neu gefundenen Selbstbewusstsein eine andere Prinzessin. Wie soll man es schließlich mit jemandem aushalten, dem man so viel schuldet?

In dieser Falle versucht man, sich sowohl Sicherheit als auch Liebe zu schaffen. Und dann läuft es allzu oft so, dass derjenige, der alles haben möchte, am Ende nichts bekommt.

Auf die einzig richtige Person warten

Es kommt tatsächlich vor, dass Menschen, die schon seit Jahren nicht in einer Paarbeziehung waren, eines Tages jemanden treffen, mit dem sie gut harmonieren.

Der unbedingte Wunsch nach einem hundertprozentig passenden Partner ist jedoch oft eine Utopie und eine Selbstschutzstrategie. Wenn man sich mit einem Partner zufriedengeben kann, der zu 51 Prozent zu einem passt, steigen die Chancen, in einer Paarbeziehung glücklich zu werden. Gibt man sich den 51 «passenden» Prozent hin, kann sich sogar herausstellen, dass die «Passgenauigkeit» des Gegenübers zunimmt und man sich selbst so verändert, dass auf einmal etwas ganz Neues möglich wird. Derjenige, der anfangs vielleicht besser als nichts war, kann sich am Ende als «die passende Person» herausstellen, wenn beide es wagen, sich weit genug auf die Beziehung einzulassen und ihr eine Chance zu geben.

Man kann auch versuchen, Sicherheit zu schaffen, indem man sich darum bemüht, selbst der oder die «Richtige» zu werden. Mehr darüber im nächsten Abschnitt.

Vom Bemühen, «gut genug» zu werden

Manche Menschen kämpfen ihr Leben lang darum, gut genug zu werden. «Gut genug» bedeutet dabei für die meisten: so gut, dass man sich sicher sein kann, dass andere sich nicht gegen einen entscheiden. Gut genug, dass man morgen und für immer geliebt wird. Doch dieses Projekt ist von Anfang an zum Scheitern verurteilt, denn der Gedanke, man könnte gut genug werden, um in seinen Beziehungen sicher sein zu können, beruht auf der Illusion, eine Sicherheit schaffen zu können, die es gar nicht gibt.

Niemand kann sich dagegen versichern, dass der oder die Geliebte sich verändert oder dem Leben eine andere Richtung geben möchte. Leben ist Bewegung. Wir verändern uns ständig. Die Kunst besteht darin, ganz in der Gegenwart präsent zu sein und mit der Bewegung mitzugehen.

Wie wir gesehen haben, kann ein Mensch viele verschiedene unbewusste Strategien einsetzen, um Trauer oder Schmerz zu vermeiden. Dieselben Strategien bewirken leider oft, dass wir gleichzeitig das verpassen, wonach wir uns sehnen. Im Folgenden werden wir einige Selbstschutzstrategien kennenlernen, die häufig die Grundlage für andere Strategien bilden.

Viele Menschen haben sich ein inneres Bild von ihren Eltern und ihrer Kindheit gemacht, das im Vergleich zur Wirklichkeit ausgeschmückt und geglättet ist. Wenn man seine Eltern als Idealfiguren betrachtet und nicht als die gewöhnlichen Menschen, die sie waren oder sind, hat man sich so weit von der Wirklichkeit distanziert, dass man im Leben manchmal nur schwer zurechtkommt.

Kapitel 5

Die Idealisierung der Eltern

Einige Menschen haben eine sehr verklärte Erinnerung an ihre Kindheit und an ihre Eltern. Als Iris zur ersten Sitzung ihrer Psychotherapie kam, war sie überzeugt davon, dass es in ihrem Elternhaus keinerlei Probleme gegeben habe:

> «Ich kann einfach nicht verstehen, warum mein Leben so dermaßen schwer war, denn ich hatte ja eine fantastische Kindheit. Meine Eltern liebten mich wirklich sehr. Meine Mutter war Hausfrau. Es war immer jemand zu Hause. Es war wirklich sicher. Ich hatte eine ausgesprochen behütete Kindheit. Mir ist es auch peinlich, jetzt hier bei Ihnen zu sitzen. Keiner weiß davon und besonders meine Eltern dürfen nie davon erfahren.»

Niemand hatte eine ausschließlich gute Kindheit. Es gibt keine perfekten Eltern, und wir alle haben mehr oder weniger schlimme Schrammen abbekommen.

Trotzdem glauben manche, ihre Kindheit sei ausschließlich gut gewesen.

Meiner Erfahrung nach gibt es einen Zusammenhang zwischen der Menge der positiven Superlative, die eine Person benutzt, um ihre Kindheit und ihre Eltern zu beschreiben, und der tatsächlichen Schwere der Kindheit. In Iris' Fall stellte sich im Verlauf der Therapie heraus, dass sie in ihrer Kindheit recht wenig Liebe und echtes Interesse erfahren hatte.

Diejenigen, die eine überwiegend gute Kindheit hatten, brauchen nicht zu betonen, wie gut alles war. Sie sprechen dankbar und voller Wärme über ihre Eltern. Unbeschwert können sie von den schönen wie auch von den schweren Aspekten erzählen.

Um die unanfechtbare Vortrefflichkeit ihrer Eltern zu verteidigen, bringen Klienten, die darauf bestehen, dass sie eine ausschließlich gute Kindheit hatten, oft das Argument: «Sie haben sich immer sehr für mich interessiert» – Anlass genug, darüber zu sprechen, was «Interesse» für das Verhältnis zwischen Eltern und Kindern eigentlich bedeutet.

Es gibt zwei Formen von Interesse: Man kann Interesse daran haben, dass es jemandem gut geht. Ich kann beispielsweise ein Interesse daran haben, dass es meinem Partner gut geht, weil das meine Laune, meine wirtschaftliche Situation und meinen sozialen Status beeinflusst. Und alle Eltern haben ein Interesse daran, dass es ihren Kindern gut geht. So können sie sich nämlich als gute Eltern fühlen, genießen die Freude ihrer Kinder und sind stolz auf ihren Nachwuchs. Man kann also ein Interesse an anderen Menschen wie an Dingen haben, die man für den einen oder anderen Zweck braucht.

Echtes Interesse am Gefühlsleben seines Kindes (oder seines Partners) ist etwas anderes. Sich dafür zu interessieren, den anderen so gut wie nur möglich zu verstehen, Freude daran zu haben, zu entdecken, welch einzigartige Persönlichkeit in dem anderen steckt, und um des anderen willen und mit Rücksicht auf seine Prämissen an seinem Innenleben interessiert zu sein, ist etwas ganz anderes als oberflächliches und im Grunde eigennütziges Interesse. Eine Klientin erzählte mir im Rahmen einer bereits fortgeschrittenen Therapie:

> «Jetzt erkenne ich, dass ich einfach als Ding aufgewachsen bin. Niemand hatte Interesse daran, mein Inneres kennenzulernen, keiner fragte mich, wonach ich mich sehnte und was ich mir erhoffte. Meine Eltern taten so, als wüssten sie von vornherein, wer ich war – ohne das wirklich herausgefunden zu haben. Und ich versuchte, die zu sein, als die sie mich von Anfang an sehen wollten.»

An die Einsamkeit ihrer Kindheit konnte sie sich im Nachhinein erinnern und ihr nachspüren. So konnte sie auch anerkennen, was für eine immense Leistung die Bearbeitung des Ganzen war; zunächst das Bemühen, so zu sein, wie ihre Eltern sie sahen, und später die allmähliche Entdeckung, wie sie selbst eigentlich wirklich war.

Interesse am anderen haben oder sich für ihn interessieren

Einer Frau wurde im Verlauf einer Therapie schmerzhaft bewusst, in welch starkem Ausmaß sie als Mutter eher oberflächliches Interesse für ihre Kinder gezeigt hatte, ohne sich wirklich für sie zu interessieren. Sie erzählte:

> «Als junge Mutter hatte ich große Angst davor, nicht zu genügen. Wenn ich meinen Sohn betrachtete, suchte ich immer nach Anzeichen dafür, ob ich es gut genug machte oder nicht. Wenn er weinte, betrachtete ich das als Zeichen dafür, dass ich nichts taugte. Ich konnte es dann kaum aushalten, einfach nur mit ihm zusammen zu sein, sondern dachte mir tausend Sachen aus, um ihn wieder fröhlich zu stimmen. Ich hatte einfach zu wenig Energie dafür, mich um seiner selbst willen für sein Inneres zu interessieren.»

Wenn ich mit Patienten über ihre Kindheit spreche, bleiben sie oft an der Frage nach ihrer Kompetenz als Eltern hängen und werden sehr traurig, wenn sie ihre eigenen Mängel entdecken. Oft ist auch das ein Selbstschutz, eine Verteidigung dagegen, sich den Fehlern der Eltern stellen zu müssen – es scheint trotz allem besser zu sein, sich mit den eigenen Fehlern zu beschäftigen, was sie typischerweise sowieso schon ihr ganzes Leben lang gemacht haben. Auf diese Weise schützen sie das innere Bild von Papa und Mama noch ein bisschen länger. Selbst wenn sie gerade entdecken, dass ihre Eltern nicht ganz so perfekt waren wie gedacht, sind deren Fehler doch, verglichen mit ihren eigenen, ganz und gar zu vernachlässigen!

Das soll keineswegs heißen, dass es nicht gut sein kann, die eigene Elternrolle zu reflektieren und die daraus gewonnenen Erkenntnisse zu nutzen, um das Verhältnis zu den eigenen Kindern zu verbessern. Ehe man hier jedoch ganz in Schuldgefühlen versinkt, ist es wichtig, sich daran zu erinnern, dass kein Elternteil perfekt ist und kein Kind ohne Schrammen durchs Leben kommt. Und das ist auch gut so. Schrammen stellen oft Wachstumsmöglichkeiten dar. Und ein gewisser Widerstand tut Kindern und Jugendlichen gut. Er hilft ihnen, zu reifen, sodass sie Teile ihrer Persönlichkeit entwickeln, die sonst womöglich verborgen geblieben wären.

Wenn wir es schaffen, unseren Kindern auch nur einen Hauch mehr mitzugeben, als wir selbst empfangen haben, ist das eine Heldentat: Es ist sehr schwer, etwas weiterzugeben, das man selbst nicht bekommen hat. Wenn das gelingt, bringen wir unser soziales Erbe in die richtige Richtung. Zu glauben, man könne als Eltern alles richtig machen, führt zu Niederlagen und zu Krisen, sobald die Wirklichkeit zutage tritt.

Wenn ich meinen Klienten die Frage nach dem Bild stelle, das sie sich von ihren Eltern gemacht haben, reagieren sie oft hektisch oder gereizt. Schon das Reden darüber kann sich sehr unangenehm anfühlen. «Ich fühle mich so treulos», höre ich in diesem Zusammenhang öfter. Hier befinden wir uns auf gefährlichem Terrain. Die Idealisierung der Eltern ist oft ein Grundpfeiler der Selbstschutzstruktur.

Warum also nicht einfach die Idealisierung der Eltern auf sich beruhen lassen? Weil sie einen hohen Preis fordert. Wer seine Eltern nicht so sehen kann, wie sie wirklich sind, kann sich auch nicht selbst erkennen.

Ein idealisiertes Bild von den Eltern kann auf zweifache Weise Einfluss auf unser Selbstbild nehmen. Mehr darüber im folgenden Abschnitt.

Die Idealisierung der Eltern und die Selbstidealisierung

Die Eltern als großartig zu erleben, kann eng mit der Vorstellung verknüpft sein, selbst ebenfalls toll zu sein. Jemand mit einem solchen Selbstverständnis neigt möglicherweise zu der Überzeugung, die Schwierigkeiten, die ihm im Leben begegnen, seien anderen Menschen oder äußeren Umständen geschuldet. Vielleicht nimmt er andere als neidisch wahr oder denkt, er habe Pech bei der Partnerwahl gehabt oder habe halt einen unsympathischen Chef, der ihn nicht so sieht, wie er ist.

Er selbst vertritt womöglich die Auffassung, dass er

durchaus glücklich sein und ein gutes Leben führen könnte, wenn nur seine Frau nicht so viele Probleme hätte oder sein Chef nicht so verständnislos wäre oder welches Problem auch immer er an seinen äußeren Umständen festgemacht hat.

Seine wichtigste Selbstschutzstrategie ist Projektion. Anstatt seine eigenen problematischen Seiten anzuerkennen, sieht er alles Negative bei den anderen.

Klienten mit einer derart stark verzerrten Selbstwahrnehmung begegnen mir in der Psychotherapie allerdings selten. Es gehört schlicht nicht zu ihrem Erleben, dass sie Hilfe nötig haben könnten. Ihre engeren Angehörigen hingegen, also Frauen, Männer oder Kinder, sehe ich recht häufig. Sie haben es schwer und leiden unter niedrigem Selbstwertgefühl. Oft tragen sie, ohne es zu wissen, die Last der dunklen Seite der sich selbst idealisierenden Person, die diese nicht zu spüren oder anzuerkennen wagt.

Die Idealisierung der Eltern und die Selbstabwertung

Die Idealisierung der Eltern kann aber auch mit der Abwertung der eigenen Person verbunden sein. Denn wenn mit Vater und Mutter alles in Ordnung ist, warum habe ich selbst dann so große Probleme? «Weil ich nicht gut genug bin!», könnte eine mögliche Antwort lauten. Hier stellt man seine Eltern besser und sich selbst schlechter dar.

Den Preis dafür, das Bild von Vater und Mutter als gute Eltern aufrechtzuerhalten, bezahlen viele Menschen mit mangelndem Selbstwertgefühl und schlechten Gedanken über sich selbst. Man kann sagen, die Haltung «Ich bin nicht gut genug» schützt das Idealbild der Eltern, das wiederum die Person gegen das Gefühl schützt, nicht ausreichend geliebt oder überhaupt nicht geliebt zu werden. Und auch das war einmal eine gute Strategie.

Doch als Erwachsene können die meisten von uns das Gefühl, nicht geliebt zu werden, ertragen. Wenn wir es wagen, das Gefühl als Bestandteil unserer inneren Erfahrungswelt zu spüren und zu erleben, können wir sehr viele Selbstschutz-Schwindeleien ablegen, die uns von unserem Leben und von uns selbst entfernen.

Manche Menschen fallen abwechselnd in eine der beiden oben genannten Gruben; sie erleben sich phasenweise als ganz fantastisch und zu anderen Zeiten als wertlos.

Diese beiden Fallgruben zeigen, dass man Verhaltensmuster aus der Kindheit auf zwei Weisen wieder aufnehmen kann. Es gibt eine aktive Form, bei der man sich mit den Eltern identifiziert und andere so behandelt, wie einen die Eltern behandelten. Wurde man von den Eltern beispielsweise andauernd kritisiert, kritisiert man als Erwachsener auch andere.

Man kann kindliche Verhaltensmuster aber auch in einer eher passiven Form übernehmen. In diesem Fall sucht man die Gemeinschaft mit Menschen, die einen in die Rolle des Kritisierten zwingen, ohne dass man ernsthaft Widerstand leistet, weil sich die Rolle vertraut und natürlich anfühlt.

Egal, ob man die Verhaltensmuster der Eltern in aktiver oder in passiver Form aufgreift, man macht sich – solange einem nicht bewusst ist, was da vor sich geht – mitschuldig, indem man die Verhaltensmuster anerkennt und das Verhalten der Eltern gegen Fragen und Kritik verteidigt.

Warum die Idealisierung der Eltern einmal eine gute Lösung für eine schwierige Situation gewesen sein mag, erkläre ich ausführlicher im nächsten Abschnitt.

Wenn wir die Wirklichkeit verändern

Viele Kinder, die mit Eltern aufwachsen, denen es an grundlegenden Kompetenzen im Umgang mit Gefühlen mangelt, bemühen sich nach Kräften, die Schwächen ihrer Eltern zu ignorieren. Dafür gibt es zwei Gründe. Erstens erleben sich kleine Kinder als Teil ihrer Eltern und müssen diese deswegen notwendigerweise als gut erleben. Zweitens ist der Gedanke, den beiden für das Gedeihen und Überleben des Kindes verantwortlichen Erwachsenen könnte es an «Elternkompetenzen» mangeln, für das kleine Kind so beängstigend, dass es ihn schnell verdrängt. Es macht sich stattdessen ein inneres Bild von Vater und Mutter als starke, kompetente und liebevolle Personen – selbst wenn das in Wirklichkeit gar nicht zutrifft. Gleichzeitig stellt sich das Kind allen widersprüchlichen Signalen gegenüber blind und taub.

Eine derartige Strategie ist für das kleine Kind zweckmäßig und passend, weil es zu jung ist, um mit der beängstigenden Wirklichkeit zurechtzukommen. Kinder kompensieren Mängel und schaffen mithilfe ihrer Fantasie eine andere Wirklichkeit, in der sie die notwendige Sicherheit finden können.

Problematisch wird es, wenn man als Erwachsener immer noch mehr auf seine Vorstellungen setzt als auf die eigentliche Lebenswirklichkeit. Wer Vater und Mutter idealisiert hat und sich ihren weniger vorteilhaften Eigenschaften gegenüber blind und taub stellt, handelt wahrscheinlich auch Kindern oder Partnern gegenüber ähnlich. Und bleibt so schutzlos und alleine. Eine Frau, die sich ihr ganzes Leben lang mehr auf ihre eigenen Vorstellungen gestützt hatte als auf das, was sie im Augenblick tatsächlich wahrnahm, platzte am Ende eines langwierigen Therapieverlaufs heraus:

> «Dass ich eine Langzeitbeziehung mit einem Mann geführt habe, ohne ein einziges Mal wirklich danach gefragt zu haben, ob er mich überhaupt mag, erschüttert mich rückblickend sehr. Ich habe mir nur immer gesagt, dass er mich selbstverständlich mag. Aber jetzt, wo ich die Wirklichkeit klarer sehe, muss ich mir wohl eingestehen, dass das nicht der Fall war.»

Dies ist ein gutes Beispiel dafür, wie schlecht es einem ergehen kann, wenn man sich mehr nach seinen eigenen Gedanken oder Fantasien richtet als danach, was man in der aktuellen Lebenssituation wahrnimmt.

Im nächsten Abschnitt schildere ich anhand von zwei Beispielen, wie eine Selbstschutzstrategie entstehen und welche gravierenden Auswirkungen sie auf das Liebesleben haben kann.

Vergessene Entscheidungen

Man kann schon früh im Leben Entscheidungen treffen, an die man sich später nicht mehr erinnert. Ein Mann mittleren Alters erzählt:

> «Als ich noch sehr klein war, beschloss ich einmal, dass ich alleine zurechtkommen und nicht von anderen Menschen abhängig sein wollte. Das schien mir damals die einzige Möglichkeit zu sein.»

Es dauert nicht lange, bis ein solcher Beschluss ins Unterbewusstsein gewandert ist und jene Anteile der Persönlichkeit, die im Widerspruch zu dieser Entscheidung stehen, aus dem Bewusstsein entfernt werden. Kurze Zeit später wusste er nicht mehr, dass er sich nach Liebe sehnte und sich eine enge Verbindung zu anderen Menschen wünschte.

Die meisten Selbstschutzstrategien entstehen in der frühen Kindheit. Sie stellten einmal die beste Lösung dar, die das kleine Kind für eine schwierige Situation finden konnte. Später werden diese Selbstschutzstrategien zu unbewussten Notprogrammen, die jedes Mal vollautomatisch ausgelöst werden, wenn eine Situation einer der ungelösten Kindheitskrisen ähnelt.

Auch dazu ein Beispiel:

Maria fragte sich, warum sie ihren Freund manchmal schnippisch abwies, wenn er sich ihr liebevoll näherte. Die Antwort ist in der Situation zu finden, in der die Selbstschutzstrategie ihren Ursprung hat. Die Situation muss erneut durchlebt, bearbeitet und neu formuliert werden.

Maria schleppte eine Erzählung mit sich herum, die ungefähr so klang: «Ich bin im Grunde nicht wert, geliebt zu werden, aber wenn ich andere etwas auf Abstand halte, merken sie das nicht.»

Es ist ihr nicht unmittelbar bewusst, dass sie irgendwann die Entscheidung getroffen hat, andere auf Abstand zu halten. Aber sobald sie ihre Aufmerksamkeit auf die Strategien richtet, die sie gegenwärtig anwendet, taucht die Entscheidung rasch wieder auf.

Durch die Bearbeitung der Situationen, in denen Marias Erzählung über sich selbst entstand, kann ein sehr viel realistischeres Narrativ an deren Stelle treten. Marias neue Fassung klang nun etwa so:

> «Als Kind befand ich mich einmal in einer Notlage. Meine Eltern besaßen nicht die notwendigen Fähigkeiten, um mir zu helfen. Das Problem lag nicht bei

mir. Ich war ein ganz normales Kind, das es schwer hatte und das versuchte, Probleme zu lösen, die ein Kind nicht alleine lösen kann, auch wenn es sich noch so sehr bemüht.

Jetzt bin ich erwachsen und nicht mehr im selben Maße auf Gedeih und Verderb von anderen Menschen abhängig. Das Leben ist nicht mehr so gefährlich und ich darf mit der Nähe zu anderen Menschen experimentieren und schauen, ob es mir gut damit geht, mich anderen ein wenig mehr zu öffnen.»

Marias neue Erzählung schenkte ihr ein größeres Selbstwertgefühl und den Mut, einen neuen Entschluss zu fassen: dass sie von nun an üben wollte, ihre Lieben näher an sich heranzulassen.

Nun folgt noch ein Beispiel für eine Selbstschutzstrategie, die fatale Konsequenzen haben kann, wenn sie im Erwachsenenleben nicht revidiert wird.

Wenn wir uns gegen uns selbst wenden

Kinder, die unsicher sind, ob sie geliebt werden, neigen dazu, sich der Meinung ihrer Eltern über sich selbst anzuschließen. Wenn solch ein kleines Kind ausgeschimpft wird, kann man hinterher hören, wie es mit sich selbst schimpft und dabei die gleichen Worte gebraucht wie Vater oder Mutter. Wenn das Kind dies tut, identifiziert es sich mit Vater oder Mutter, wodurch es ein Gefühl der Zusammengehörigkeit erlebt.

Wer sich gegen sich selbst wendet, ist sehr alleine – für ein kleines Kind ist es jedoch besser, sich selbst zu verleugnen, als die lebensnotwendige Bindung an Vater oder Mutter aufzugeben.

Problematisch wird es, wenn wichtige Menschen in unserem Leben ihre Wut gegen uns richten und wir als Erwachsene sofort ihre Partei ergreifen – gegen uns selbst. Dann sind wir wehrlos und sehr einsam. Wer sollte uns da noch zur Seite stehen?

Oftmals sind wir selbst uns nicht darüber im Klaren, dass wir uns zusammen mit anderen gegen uns selbst wenden. Vielleicht fühlen wir uns nur sehr schlecht, wenn eine wichtige andere Person in unserem Leben unzufrieden mit uns ist.

Es hat mich überrascht, wie vielen Menschen ich in der Psychotherapie begegne, die mit sich selbst schimpfen oder auch nur schlecht mit oder über sich selbst reden – und das, ohne dass es ihnen bewusst wäre. Eine Frage, die ich dann immer wieder stelle, lautet: «Was haben Sie jetzt gerade zu sich selbst gesagt?» Und die Antwort der Klienten besteht häufig in einer niederschmetternden oder auch einfach nur äußerst lieblosen Replik, die sie selbst empört, sobald sie sich ihrer bewusst werden.

Selbstverständlich ist es gut, sich selbst kritisieren zu können und hin und wieder auch anderen recht zu geben, wenn man mit etwas unzufrieden war, das man gesagt oder getan hat. Es ist nur schlecht, wenn Selbstkritik oder Selbstzurechtweisung zu einer undifferenzierten und automatisierten Reaktion werden, durch die es einem schlecht geht, ohne dass man dies selbst steuern könnte.

Sich auf die Seite der anderen zu schlagen, anstatt sich selbst beizustehen, ist eine Selbstschutzreaktion, die sogenannte «Identifikation mit dem Aggressor». Ähnlich wie die Idealisierung der Eltern kann sie gegen das Gefühl der Einsamkeit und vor der Wahrnehmung, nicht geliebt zu werden, schützen.

Für Jürgen, dem wir im nächsten Beispiel begegnen, war das Problem, dass er immer wieder Beziehungen mit Frauen einging, die ihn nicht wertschätzten. In seiner letzten Beziehung beispielsweise hatte ihn die Frau mit aller Selbstverständlichkeit darum gebeten, schwierige praktische Aufgaben für sie zu erledigen. Sie hatte ihn nicht einmal höflich darum gebeten oder ihm Kaffee gekocht, wenn er zu ihr kam. Er sah eifersüchtig zu, wie seine Freunde liebevolle Frauen fanden, die sich mit ihrem Aussehen und mit dem, was sie ihnen zu essen servierten, Mühe gaben. Jürgen dagegen ging eine unbefriedigende Beziehung nach der anderen ein, bis er schließlich ein Kindheitstrauma bearbeitete. Jürgen erzählt:

> «Ich konnte mich gut daran erinnern, dass ich als Kind geschlagen wurde, aber nicht mehr daran, wie sich das anfühlte. Da war nur noch eine vage Erinnerung daran, dass ich versuchte, meine Gefühle abzustellen.
>
> Als ich in der Psychotherapie darüber zu sprechen begann, tauchten nach und nach immer mehr

Nuancen in meiner Erinnerung auf, und meine Gefühle aus der Vergangenheit kamen mir im Laufe der Wochen immer näher. Ich begann zu spüren, wie es war, ein Kind zu sein, das von jemandem, den es liebte und dem es vertraute, geschlagen wurde.

Es war, als wäre ich mittendrin in einem Albtraum, in dem die Sonne dabei ist, vom Himmel zu verschwinden, während der Mond rasend schnell auf die Erde zustürzt. Es gab keinerlei mildernde Umstände. Inmitten dieses Albtraums entdeckte ich, dass es einen Teil von mir gab, der meinem Vater zustimmte und fand, dass ich verdient hätte, so schlecht behandelt zu werden.

Als ich diese Verbindung (Identifikation mit dem Aggressor) aufkündigte, konnte ich mich als das Kind anerkennen, das ich einmal war. Ein Kind, das so gerne leben wollte, dass es sich der Meinung anschloss, es habe Fehler gemacht, um das lebensnotwendige Gefühl der Bindung an seinen Vater zu bewahren.

Danach konnte ich mir das zusprechen, was damals ein Erwachsener hätte sagen sollen, nämlich, dass nicht ich es war, mit dem etwas nicht stimmte. Das, was um mich herum geschah, war falsch, und dafür waren die Erwachsenen verantwortlich, nicht ich.

Ich versprach mir selbst, mich nie wieder so schlecht behandeln zu lassen.

Eine Weile habe ich immer weggeschaut, sobald jemand in einem unfreundlichen Ton mit mir sprach. Inzwischen habe ich zu einem Gleichgewicht gefunden und kann gut akzeptieren, dass andere einmal einen schlechten Tag haben und es nicht schaffen, die ganze Zeit über nett zu sein, ohne mit ihrem unfreundlichen Verhalten deshalb mich persönlich zu meinen. Aber ich bin viel besser darin geworden, Respekt einzufordern, und führe keine Beziehungen mehr, in denen ich mich nicht wertgeschätzt fühle.»

Auch Menschen, die die Erfahrung gemacht haben, mit Worten «geschlagen» worden zu sein, erkennen sich vermutlich in Jürgens Bericht wieder. Als Kind von einer geliebten Person geschlagen zu werden, zerstört das Selbstwertgefühl. Falls man die Begebenheiten «vergessen» hat, um das Bild der Eltern als gute Eltern zu schützen, sucht und bekommt man nicht die nötige Hilfe. So riskiert man, ein Leben lang geschlagen zu werden, ohne sich dagegen ernsthaft zu wehren, weil man tief in seinem Inneren die Erlebnisse bewahrt, die damals unbewusst zu der Überzeugung führten, man habe es nicht besser verdient.

Wenn man in seiner Kindheit oft wie ein «Ding» behandelt wurde, für dessen Inneres sich niemand interessierte, dem keiner zuhörte und zu dem keiner ernsthaft Kontakt aufbaute, kann es gut sein, dass man sich auch in der Gegenwart so behandeln lässt. In diesem Fall wiederholt man Kindheitsmuster in einer passiven Form, indem man in seinem Erwachsenenleben die gleiche Rolle einnimmt wie als Kind.

Auch das Gegenteil kann der Fall sein, nämlich, dass man – dem Beispiel der Eltern folgend – andere als Ding behandelt. Das ist die aktive Form des Aufgreifens von Kindheitsmustern. Auf diese Weise lässt man das Erlittene an anderen aus. Das kann beispielsweise der Partner sein, den man nicht als eine Person wertschätzt, der man auf Augenhöhe begegnet, sondern stattdessen als Mittel betrachtet, um den Schmerz der Kindheit zu vermeiden. Generell können die Erwartungen an den Partner oder an eine Paarbeziehung unverhältnismäßig sein. Darüber mehr im nächsten Abschnitt.

Unbewusste Erwartungen an den Partner

Wenn man um das, was man von Vater und Mutter in der Kindheit nicht bekommen hat, nicht trauern und es damit auch nicht loslassen konnte, besteht man typischerweise darauf, dies von seinem Partner zu bekommen. Wahrscheinlich entwickelt man selbst kein Bewusstsein für diesen Mechanismus, sondern empfindet nur eine große Frustration über den Partner.

Je weniger man sich dieser Abläufe bewusst ist, desto höher ist das Risiko, dass man anfängt, an seinem Partner herumzunörgeln, oder das Recht des anderen ignoriert, zu seinen eigenen Bedingungen er selbst zu sein.

Der Mechanismus sieht kurz gesagt so aus, dass man darauf besteht, eine bessere Kindheit gehabt zu haben, als es tatsächlich der Fall war – und darauf, dass der Partner nun diesen Mangel kompensieren soll, sodass man den Verlust nicht spüren muss. Schafft der Partner dies nicht, bekommt er die Wut und die Unzufriedenheit darüber zu spüren, und es kann so weit kommen, dass man sich wie ein forderndes Kleinkind aufführt. Hannah erzählt:

> «Als ich mit der Therapie begann, hatte ich bereits einige Beziehungen geführt, die jeweils weniger als ein Jahr gehalten hatten. Ich bin gut darin, die Initiative zu ergreifen und Männer kennenzulernen, und in der Verliebtheitsphase lief es auch in der Regel einigermaßen problemlos. Sobald der Alltag kam, spürte ich normalerweise irgendwann eine Art Leere in mir, die ich nicht aushalten konnte. Das konnte zum Beispiel der Fall sein, wenn mein Freund etwas mit anderen unternehmen wollte und ich allein war und mich zurückgewiesen fühlte. Dann war ich völlig am Ende, ich weinte und wütete und konnte mich selbst kaum ertragen. ‹Es kann ja wohl nicht wahr sein, dass man sich so schlecht fühlt, wenn man einen Freund hat›, dachte ich und wollte bei meinem Freund Schuldgefühle wecken und richtig gemein sein. Es konnte sein, dass ich zehn Mal am Abend anrief oder ihn die ganze Nacht mit meinem Frust und meinem Hass wach hielt. Ich hatte einfach nicht die Energie, überhaupt zu versuchen, die Situation aus seiner Perspektive zu sehen.

Wenn ich jetzt im Nachhinein über mein Verhalten nachdenke, wundert es mich, dass die Männer es überhaupt so lange mit mir ausgehalten haben.»

Als Hannah die Idealisierung ihrer Eltern und damit die hohen Erwartungen an ihren Partner aufgab, war dies mit großer Trauer verbunden. Sie trauerte sowohl um das lieblose Leben, das sie jetzt führte, als auch um ihre gefühlsarme Kindheit.

Aber diese Sorge war nicht so schwer zu ertragen wie die Traurigkeit, mit der sie über lange Zeitspannen in ihrem Leben gelebt hatte. Mitten in ihrer Trauer fühlte sie sich lebendiger denn je und viel präsenter in ihren Beziehungen. Sie erlebte, dass der Weg vom Weinen zum Lachen recht kurz sein kann, und spürte, wie belebend es war, diese Gefühle mit den Menschen in ihrem Leben zu teilen.

In unserer Kultur erwarten wir normalerweise, dass Trauer schwer, düster und langwierig ist. In Wirklichkeit kann Trauer manchmal aber auch warm, tränennass und erfrischend sein.

Die Eltern in einem realistischeren Licht sehen

Viele Menschen verspüren einen inneren Widerstand dagegen, ihre Beziehung zu den Eltern oder ihr Bild von Vater, Mutter oder der eigenen Kindheit in der Rückschau zu untersuchen. Es kann unangenehm sein, sich auf seine Vergangenheit zu fokussieren, wenn diese nicht optimal war.

Doch es lohnt sich womöglich, diesen Widerwillen zu überwinden, denn je mehr wir zu einem realistischen Blick auf unsere Eltern und uns selbst finden, desto besser können wir uns auf enge Beziehungen einlassen – und das gilt für alle Bereiche. Je mehr wir mit uns selbst übereinstimmen und in uns selbst ruhen, desto größer wird die Chance, dass wir im Leben das finden, was uns Sinn und Fülle gibt.

Die Strategien, die wir in Beziehungen zu anderen Menschen einsetzen, sind in unserer Kindheit im Verhältnis zu unseren nächsten Bezugspersonen entstanden. Je schlechter unsere Eltern mit uns zurechtkamen und je weniger sie uns gesunde Beziehungskompetenzen vermitteln konnten, desto mehr Selbstschutzstrategien werden wir in unserem Erwachsenenleben finden.

Wenn wir eine Selbstschutzstrategie aufgeben, kann sich das sogar wie eine Befreiung anfühlen und uns neue Hoffnung und Lebenslust schenken, wie das für Jürgen der Fall war. Er war bereits über fünfzig Jahre alt, als er anfing, an seiner Beziehung zu seinem schwierigen Vater zu arbeiten. Jürgen erzählt von einem Durchbruch, zu dem es am Ende eines längeren Therapieverlaufs kam:

«Obwohl mein Vater uns Kinder schwer bestrafte, war ich immer überzeugt davon, dass er mich im Grunde liebte. Ich erinnere mich, dass meine Therapeutin diese Überzeugung mit einem dicken Fragezeichen versah. Sie betrachtete mich besorgt und sehr ernst, während ich ein Argument nach dem anderen für die Richtigkeit meiner Überzeugung anführte.

Irgendwann sagte sie: ‹Sie wirken sehr hektisch. Warum wohl?› In diesem Augenblick fühlte ich mich völlig leer. Dann begann mein Körper zu zittern und die Tränen liefen. Es war, als hätte mein Körper vor meinem Kopf verstanden, was los war. Danach spürte ich die Befreiung. Es war, als hätte ich in diesem Augenblick ein Stück von mir wiedergefunden.»

Es kann eine große Befreiung sein, der Wirklichkeit in die Augen zu schauen, auch wenn wir oft versuchen, uns gegen furchterregende oder einfach nur unangenehme Realitäten abzuschotten.

Wenn die unverarbeitete Idealisierung der Eltern zu Beziehungsproblemen führt

Unsere Eltern lehrten uns Liebe und Bindung, so gut sie konnten. Wenn wir inzwischen nicht unsere eigene Art im Umgang mit Menschen entwickelt haben, werden wir uns wahrscheinlich im Großen und Ganzen so verhalten, wie Vater und Mutter es taten, und mit uns selbst reden, wie sie mit uns redeten. Und auf der Gefühlsebene werden wir in etwa so gut zurechtkommen, wie sie es taten – denn sie lehrten uns den Umgang mit unseren Gefühlen.

Vermutlich werden wir daher einen Partner mit etwa demselben Vermögen in Sachen Liebe und Beziehungsfähigkeit finden. Das fühlt sich auf jeden Fall vertraut und sicher an, und wir sehen uns in der Lage, gut damit zurechtzukommen.

Keine Beziehung mit jemandem einzugehen, der emotional kompetenter ist als Vater oder Mutter, kann auch eine Selbstschutzstrategie sein. Wenn wir einen Partner finden, der mehr kann als unsere Eltern, müssen wir nämlich etwas Neues lernen. Außerdem werden wir dann dazu gezwungen, unsere Eltern in einem neuen Licht zu sehen, nämlich als Menschen, die nicht dazu imstande waren, uns etwas Wichtiges über Liebe und Beziehungen beizubringen.

Eine Idealisierung von Eltern, denen es an elterlichen Kompetenzen mangelt, kann dem kleinen Kind ein Gefühl der Sicherheit vermitteln, das für seine psychische Gesundheit unbedingt notwendig ist. Aber bei Erwachsenen kann dieselbe Idealisierung zu Problemen im Liebesleben führen.

Es ist eine lebenslange Aufgabe, sich ein differenziertes und genaueres Verständnis davon zu erarbeiten, wer diese beiden Menschen waren oder sind, die wir unsere Eltern nennen. Wir werden nie ganz fertig damit, wie wir auch nie damit fertig werden, uns selbst zu entdecken und zu verstehen.

Die Erkenntnisse kommen stückweise, sie liegen in Schichten übereinander. Wir glauben vielleicht, wir hätten die ganze Wahrheit erkannt, bis wir eines Tages unser Leben auf einer ganz anderen Ebene verstehen und nun im Rückspiegel sehen, dass das, von dem wir zuvor glaubten, wir hätten es ganz verstanden, nur die Spitze des Eisbergs war.

Je klarer die Erkenntnis, desto größer die Befreiung. Selbst wenn wir also in der Vergangenheit Mühe mit der Verarbeitung einer Problematik oder eines Dilemmas hatten, kann es sich lohnen, sich das Ganze noch einmal anzuschauen. Und das gilt ganz besonders für einen so wichtigen Teil unseres Lebens wie das Verhältnis zu unseren Eltern.

Fassen wir zusammen: Wenn man seine Beziehungsfähigkeit verbessern will, gilt es, zunächst herauszufinden, welche Strategien man hier und jetzt einsetzt.

Nicht immer ist es notwendig, ganz zurückzugehen und die Beziehungen zu den engsten Bezugspersonen der Kindheit zu bearbeiten. Zuweilen genügt schon die Entscheidung, einige Gewohnheiten zu ändern und eine gewisse Kraft und Mühe in die Veränderung ungesunder Muster zu investieren, egal, ob diese sich in unserem Denken oder in unserem Verhalten zeigen.

Wenn aber diese auf die Gegenwart bezogene Herangehensweise nicht reicht, gibt es die Möglichkeit, zur Wurzel der Muster vorzustoßen. Das kann eine harte und aufreibende Arbeit sein, aber meiner Erfahrung nach stehen die Chancen gut, eine grundlegende Veränderung des Verhaltens wie auch der Gemütslage zu erzielen, wenn man den Situationen, in denen die

Strategien entstanden sind, sorgfältig auf den Grund geht.

Im folgenden Kapitel werden wir sehen, wie es sich anfühlen kann, wenn Selbstschutzstrategien uns nicht mehr daran hindern, uns selbst zu spüren.

Kapitel 6

Gefühle bewusst wahrnehmen

Genau zu wissen, was man empfindet, ist eine große Hilfe, wenn man im Leben und nicht zuletzt in Beziehungen seinen Weg sucht. Aber was bedeutet es eigentlich, sich seiner gegenwärtigen Gefühle bewusst zu sein?

Wenn man ein Gefühl ganz und gar bewusst wahrnimmt, kann man es auf drei Weisen erleben: mit dem Verstand, im Körper und als Impuls (Lust).*

Betrachten wir dies am Beispiel der Angst:

- An unserem Körper merken wir beispielsweise, dass wir zittern.
- Der Impuls kann sein, dass wir am liebsten schreiend davonlaufen möchten.
- Mit dem Verstand begreifen wir, dass wir uns fürchten.

* Wenn man das Gefühl nicht in allen drei Formen spürt, liegt das nicht zwingend an Selbstschutzstrategien. Dafür kann es auch andere Gründe geben, beispielsweise, dass man es nicht erlernt hat.

Nehmen wir ein weiteres Beispiel und betrachten das Gefühl der Wut:

- Im Körper spüren wir Wärme und möglicherweise eine Art Beben.
- Der Impuls kann sein, dass wir am liebsten zuschlagen würden.
- Mit dem Verstand begreifen wir, dass wir wütend sind.

Oder Freude:

- Im Bauch verspüren wir ein blubberndes, aufschäumendes Gefühl.
- Der Impuls kann sein, dass uns spontan nach Singen zumute ist.
- Mit dem Verstand begreifen wir, dass wir uns freuen.

Möglicherweise hat man eine der drei Erlebnisformen aus Gründen des Selbstschutzes verdrängt. Manche Menschen achten nicht auf ihren Körper, sondern nehmen sich hauptsächlich vom Hals an aufwärts wahr. Andere tun sich schwer damit, ihre Emotionen zu verstehen. Und wieder andere können nicht spüren, wozu sie Lust haben. In der Psychotherapie erlebe ich, dass häufig gerade der Impuls, also die dem Gefühl innewohnende Lust, unbewusst ist.

Hier kann es nämlich Anlass für Scham geben. Verspürt man beispielsweise Lust darauf, sich seinem Chef auf den Schoß zu setzen und nach Aufmerksamkeit zu verlangen oder jemandem Avancen zu machen, der

30 Jahre jünger oder in einer Beziehung mit jemand anderem ist, begegnet man dem Impuls möglicherweise mit Verlegenheit oder Scham.

Oft ist es verlockend, eine solche Lust zu verdrängen oder zu verleugnen.

Manche Menschen haben Angst davor, sich nicht zurückhalten zu können, wenn sie es sich erlauben, die Lust in ihrer vollen Stärke zu empfinden. Aber seine Lust zu spüren und mit den dazugehörigen Fantasiebildern umzugehen, ist nicht gefährlich. Je besser wir mit unseren Lüsten oder Wünschen umgehen können, desto geringer ist das Risiko, dass wir die Kontrolle verlieren und etwas tun, das uns falsch oder peinlich erscheint.

Selbstverständlich kann es beängstigend sein, die Lust zu spüren, die in der Wut steckt – besonders dann, wenn die Wut groß ist. Verspürt man Lust, etwas kaputt zu machen oder einem anderen Menschen wehzutun, kann das mit starken Schuldgefühlen verbunden sein. Dafür gibt es aber keinen Grund, weil wir nicht Herr über unsere Impulse sind. Man kann nicht beschließen, dass sie verschwinden sollen. Man kann sie höchstens verdrängen, doch dadurch werden sie nicht weniger gefährlich – im Gegenteil. Man kann nicht an etwas Schuld haben, auf das man keinen Einfluss hat. In meinem Buch «Die Kraft des Fühlens» gehe ich auf die Möglichkeit der Einflussnahme als einer Voraussetzung für Schuld ausführlich ein.

Wenn es um Emotionen geht, ist es besser, sie so sein zu lassen, wie sie sind, und der Empfindung auf allen drei Ebenen der Wahrnehmung bewusst nachzuspüren. Dann merken wir, dass das Fühlen an sich nicht gefährlich ist. Es liegt an uns selbst, ob wir der Lust tatsächlich nachgeben – und wir können uns dafür entscheiden, genau dies nicht zu tun, wenn unser Gewissen es uns verbietet oder es uns zu peinlich ist.

Unsere Impulse enthalten womöglich nützliche Informationen. Wenn uns etwa danach ist, einen anderen Menschen zu schlagen, liegt das oft daran, dass wir uns von unserem Gegenüber «geschlagen» fühlen. Dieses Wissen können wir nutzen, um neue Erkenntnisse über uns selbst zu gewinnen.

Wer seine Empfindung auf allen drei Wahrnehmungsebenen spüren kann, ist sich seines Gefühls ganz bewusst und in engem Kontakt mit seiner inneren Wirklichkeit. Aber möglicherweise spüren wir auch ein eigentlich nachrangiges Gefühl, das ein anderes überdeckt. Dieses andere Gefühl spiegelt vielleicht noch besser wider, wie es uns im Moment gerade geht, und kann uns noch mehr zu uns selbst führen, wenn wir ihm nachgehen.

Ein Beispiel dafür ist eine Wut, die Angst überdeckt. Der Vater, der seine Teenagertochter ausschimpft, weil sie abends eine Stunde später als vereinbart nach Hause kommt, ist wahrscheinlich eher besorgt als wütend, auch wenn es die Wut ist, die er unmittelbar spürt und artikuliert. Wenn er sich erlaubt zu spüren, wie viel Angst er hatte, als er nachts wach lag und auf sie wartete, kommt er sich selbst näher. Und er kommt auch seiner Tochter näher, wenn er es wagt, ihr davon zu erzählen.

Viele von uns tun sich leichter damit, der Wut eher als beispielsweise Angst oder Unsicherheit Raum zu geben. Mehr darüber im nächsten Abschnitt.

Gefühle können einander schichtweise überlagern

Zur Wut gehört es, sich zuerst zu zeigen und alle anderen Gefühle zu überdecken. Das trifft besonders auf Männer zu. Deprimierte Männer spüren und zeigen oft Wut, selbst wenn das Hauptgefühl Angst oder Machtlosigkeit ist. Wut ist ein mächtiges Gefühl – wenn wir wütend sind, kämpfen wir. Problematisch wird es, wenn das, wofür wir in unserer Wut kämpfen, unmöglich ist. Oder wenn die Wut Distanz zu denjenigen schafft, nach deren Fürsorge wir uns eigentlich am meisten sehnen – vielleicht, ohne uns dessen bewusst zu sein. Der wütende Mann, der es wagt, zu spüren und zu artikulieren, wie machtlos oder ängstlich er sich fühlt, zieht Fürsorge an und kommt eher mit sich selbst ins Reine als derjenige, der in der Wut verharrt.

Auch Angst legt sich manchmal über verbotene Freude, über Wut oder vielleicht über einen Konflikt in der Selbstwahrnehmung. Dabei artikuliert sie sich womöglich auf eine Weise, die der Trauer ähnelt, weil der oder dem Betreffenden die Tränen kommen. Selbst wenn man sich eines Gefühls voll bewusst ist, kommt man zuweilen seinem Inneren noch näher, indem man sich fragt, ob das Gefühl eine andere, vielleicht gerade noch wichtigere Emotion überdeckt.

Regression

Wenn die Furcht stark genug wird, landen wir manchmal in einer Regression. Regression bedeutet, dass wir auf den Gebrauch von Strategien zurückfallen, die in früheren Entwicklungsstadien grundlegend waren. In der Regression fühlt man sich klein und hilflos und gleichzeitig vielleicht fuchsteufelswild wie ein hungriges Kleinkind. Regression geschieht, wenn man sich überwältigt fühlt und seine Erwachsenenstrategien aufgibt. Sie ist ein Weg aus der Wirklichkeit. Wir fliehen vor der Tatsache, dass wir erwachsene Menschen mit Verantwortung und Handlungsmöglichkeiten sind, und vergessen einen Moment lang, was wir alles können. Damit geht eine bestimmte Körpersprache einher, etwa dass man auf dem Stuhl nach vorne rutscht (und dadurch kleiner wird) oder dass einem Tränen in die Augen steigen (ein Hilferuf). Oder wir legen uns ins Bett und bleiben dort, obwohl es helllichter Tag ist.

Ein Beispiel für das Vorhandensein verschiedener Gefühlsschichten war Iris. Sie weinte viel während der Therapie. Aber ihr Weinen war nicht besonders tief und es erweckte nicht den Eindruck, als sei es auf irgendeine Weise befreiend. Meinem Empfinden nach vergrößerte sich die Distanz zwischen ihr und mir sogar, wenn sie sich in Weinen fallen ließ. Im ersten Moment hätte man glauben können, dass sich echte Trauer anbahnte. Aber das Weinen erwies sich als Regression. Unter der Regression lag Wut, und unter der Wut wiederum eine Trauer von ganz anderer Tiefe. Später beschrieb sie das so:

> «Wenn ich regressiv wurde, weinte ich manchmal tagelang. Es war, als würde ich in tiefe Verzweiflung und Hilflosigkeit verfallen, und spürte gleichzeitig eine heftige Wut gegen den oder diejenigen, von denen ich glaubte, dass sie doch eigentlich für mich da sein müssten. Wenn ich wieder zu mir kam, nahm ich das Geschehen selbst in die Hand und dann ging es mir schnell besser, auch wenn ich mich im Rückblick für meine Reaktion genierte.»

Wenn man wie Iris in eine Regression verfällt, geht das mit einer grundlegenden Veränderung der Art einher, in der Welt zurechtzukommen. Unser erwachsenes «Ich» gibt ganz oder teilweise das Ruder ab. Es wird alles einfacher und leichter, mehr schwarz-weiß und weniger differenziert. Wenn wir regredieren, müssen sich oft die nächsten Angehörigen mit dem Problem auseinandersetzen.

Eine Regression kann wenige Augenblicke oder ein ganzes Leben lang andauern. Der Weg aus der Regression besteht darin, sich daran zu erinnern, dass die

Kindheit vorbei und das Leben längst nicht mehr so gefährlich ist. Erwachsene können jahrzehntelang auf einer einsamen Insel überleben, also ist es nicht mehr lebensgefährlich, verlassen oder ausgestoßen zu werden. Als Erwachsene können wir neue Entscheidungen treffen und verfügen über verschiedene Handlungsoptionen. Und wenn wir einfach keinen passenden Ausweg oder keine Problemlösung mehr sehen, besteht die Möglichkeit, sich entsprechende professionelle Hilfe zu suchen.

Kapitel 7

Unangemessene Selbstschutz-strategien aufgeben

Wird eine Selbstschutzstrategie entlarvt, hört sie oft von alleine auf zu wirken. Ihre geheime Stärke liegt ja gerade darin, dass sie unbewusst zum Einsatz kommt. Wird uns bewusst, dass wir gerade jetzt dabei sind, uns mit Hilfe einer Selbstschutzstrategie hinters Licht zu führen, verliert die Strategie im selben Moment ihre Wirkung.

Darauf folgt eine Phase, in der wir Schmerz und manchmal auch Freude sehr viel intensiver erleben. Das kann mit Verwirrung und Unwohlsein verbunden sein und den Eindruck erwecken, als hätten wir uns verirrt. Den meisten kommt es so vor, als wären sie zu weit in die Wildnis hinausgewandert. Aber tatsächlich verhält es sich so, dass wir von einem Punkt noch weiter draußen in eine etwas vertrautere Wildnis zurückgekehrt sind.

Bei der Lektüre dieses Buchs werden Sie sicher auf eigene Selbstschutzstrategien aufmerksam und kommen auf diese Weise Ihren eigenen seelischen Verletzungen näher. Doch zuweilen ist es so, dass wir selbst die Letzten sind, die die eigene Selbstschutzstrategie auch als solche erkennen. Deswegen benötigen wir manchmal Hilfe von außen, um zu erkennen, was mit uns im Augenblick eigentlich geschieht.

Bei einer Therapie borgt man sich die Aufmerksamkeit der Therapeutin oder des Therapeuten. Da ist man dann schon zu zweit beim Betrachten der Strategien, die man im Leben anwendet. Zusätzlich fordere ich meine Klienten oft auf, unsere Gespräche als Tonaufnahme oder Video aufzuzeichnen. Das ist eine tolle Möglichkeit, sich selbst von außen zu betrachten und zu überlegen, ob das, was wir da im Moment tun, gut oder nicht so gut wirkt.

Diese Methode, den Blick zu schärfen, lässt sich auch außerhalb einer Therapie einsetzen. Filmt man eine Konfliktsituation, in die man mit einer bestimmten Person häufiger gerät, kann man später gemeinsam das Video anschauen. Das dürfte wahrscheinlich auf beiden Seiten für einige Aha-Momente sorgen.

In der Psychotherapie liegt der Fokus darauf, wie wir mit uns selbst und unserem Inneren umgehen. Manche Therapierichtungen konzentrieren sich mehr auf Selbstschutzstrategien als andere. Aber auch während einer Therapie ohne besonderen Fokus auf Selbstschutzstrategien können wir erleben, dass ihre Stärke nachlässt, je sicherer wir werden und je besser wir mit uns selbst umgehen.

Angenommen Martin, dessen Mutter mit seinem

Kummer nicht umgehen und ihn nicht entlasten konnte (Kapitel 2), wäre inzwischen erwachsen. Er macht eine Therapie, weil seine Frau sich beschwert, er lasse sie nicht an sich heran.

Wenn die Therapeutin eine Therapieform anwendet, die den Fokus auf Selbstschutzstrategien richtet, beschäftigt sie sich mit der Frage, welche Formen des Selbstschutzes Martin einsetzt. Sie erzählt Martin, was sie im Augenblick beobachtet. In dem Maße, wie Martin sich seiner Strategien bewusst wird, verlieren diese ihre Macht.

Der folgende Dialog ist eine Sequenz aus einer psychotherapeutischen Sitzung, bei der die Therapeutin die Form der «Intensiven Psychodynamischen Kurzzeittherapie» anwendet; eine Therapieform, die den Fokus sehr stark auf Selbstschutzstrategien richtet.

Therapeutin (T): Worauf haben Sie jetzt gerade Lust?
Martin (M): Das weiß ich nicht.
T: Ist Ihnen schon aufgefallen, dass Sie sehr oberflächlich atmen? (Flacher zu atmen ist eine effektive intrapsychische Selbstschutzstrategie, die wir häufig unbewusst anwenden, wenn wir befürchten, es könne gleich etwas Schmerzhaftes auf uns zukommen.)
M: Na ja (atmet tief ein und unmotiviert wieder aus).
T: Sie lachen? Worauf haben Sie jetzt Lust?
M: (wendet den Blick ab)
T: Ist Ihnen aufgefallen, dass Sie wegschauen? Was fühlen Sie gerade?
M: (schweigt)

T: Sie ballen die Fäuste.
M: (schweigt)
T: Sind Sie wütend?
M: Vielleicht (wendet den Blick ab).

Die Therapeutin weiß, dass Wut meistens in Schichten aufsteigt, sobald der Selbstschutz nachlässt. Im vorangegangenen Dialog merken wir, wie Martins erste Schicht aus Wut zusammenbricht. Seine automatisierten Selbstschutzstrategien verlieren immer mehr an Kraft, weil sie entlarvt und in Worte gefasst werden.

Die Therapeutin bittet Martin nun, seine Wut in allen drei Erlebnisformen zu beschreiben: seine Körperwahrnehmung, die Verstandesebene und den Impuls mit der dazugehörigen Fantasie. Im besten Fall wird er das mit der Zeit selbstständig tun. Das kann etwa so klingen:

T: Was fühlen Sie in Bezug auf mich gerade?
M: Irritation.
T: Können Sie das in Ihrem Körper spüren?
M: Meine Beinmuskeln sind angespannt.
T: Was würden Ihre Beine gerade am liebsten tun?
M: Mein rechtes Bein könnte sich vorstellen, gegen Ihren Stuhl zu treten, damit der umfällt und Sie zu Boden gehen. (Martin richtet sich auf, atmet tief durch und schaut die Therapeutin direkt an.)
T: Wie sieht mein Gesicht aus, während ich zu Boden stürze?
M: Sie sehen erschrocken aus (Martins Gesicht leuch-

tet auf, er lächelt breit, und die Therapeutin nimmt an ihm eine Lebendigkeit wahr, die sie vorher nie beobachtet hat).

Sobald Martin seine echten und primären Gefühle gegenüber der Therapeutin zu spüren beginnt, er mit ihnen umzugehen und sie auszudrücken lernt, tauchen höchstwahrscheinlich auch Kindheitserinnerungen auf. Die Situationen, in denen Selbstschutzstrategien notwendig wurden, kommen ihm dann auf einmal sehr nah. Das Ziel besteht darin, sie vollständig ans Licht zu bringen und zu bearbeiten. Alle Gefühle, die vorher zu überwältigend waren, müssen nun zum Ausdruck gelangen. Es wäre eine große Erleichterung für Martin, zu erleben, dass er jetzt, als Erwachsener in der sicheren Gegenwart eines anderen Erwachsenen, gut mit Gefühlen umgehen kann, die ihm in seiner Kindheit unerträglich waren.

Die Offenlegung der eigenen Selbstschutzstrategien, während man sie gerade einsetzt, ist kein schönes Erlebnis. Klienten äußern in der Regel, dass ihnen das sehr unangenehm ist. Als würde man sich verirren, die Kontrolle verlieren und nicht wissen, wie man sich verhalten soll.

Ein Klient, der an einer «Intensiven Psychodynamischen Kurzzeittherapie» teilnahm, sagte nach einer beendeten Sitzung: «Das hier ist irgendwie das Beste und das Schlimmste, was ich je erlebt habe. Das Schlimmste, weil ich mich während der Therapie total unsicher und hilflos gefühlt habe. Und das Beste, weil ich erleben durfte, dass ein anderer Mensch darauf bestand, mir ganz nahezukommen und mich nicht Reißaus nehmen ließ, sondern dranblieb.»

Im Prozess der Auflösung von Selbstschutzstrategien tauchen jene Mechanismen, mit denen man sich gegen die Umwelt verteidigt, als Erstes auf – und sie zeigen sich üblicherweise im Verhältnis zum Therapeuten. In dem Maße, wie sie an Kraft einbüßen, wird der Klient auf seinen Therapeuten wahrscheinlich gereizt reagieren. Welches Gefühl zuerst auftaucht, ist unterschiedlich, aber meistens ist es Wut.

Unter der Wut liegen aber noch andere Gefühlsschichten, die im Verlauf der Therapie ebenfalls auftauchen werden.

Eine direkte Konfrontation mit Selbstschutzstrategien, wie im geschilderten Beispiel, taugt nicht für alle Klienten. Aber für manche kann sie sehr effektiv sein, wenn sie zum richtigen Zeitpunkt geschieht.

Für andere ist eine Therapieform besser, die vorsichtiger vorgeht und zuallererst dem Klienten hilft, sich besser zu spüren und zu verstehen. Werden sie nicht mehr benötigt, lösen sich Selbstschutzstrategien manchmal von allein auf, wie die Kruste von einer Wunde abfällt, sobald die Haut darunter ausreichend verheilt ist.

Manchmal frage ich vorsichtig, ob die Klientin oder der Klient glaubt, eine bestimmte Denkweise oder ein Verhalten könnte eine Selbstschutzstrategie sein. Bekomme ich ein klares Nein zur Antwort, dränge ich nicht weiter darauf, sondern denke mir, dass ich mich entweder irre oder die Haut unter der Kruste noch nicht ohne diesen Schutz auskommen kann.

Irritation und Wut als Selbstschutz

Helle war eine Klientin, die mit ihren Beziehungen immer unzufrieden war. Eines Tages erzählte sie mir, dass sie sich über etwas wunderte: Zu ihrem weiteren Bekanntenkreis gehörte ein Mann, der nun schon mehrmals vorgeschlagen hatte, sie sollten sich doch einmal verabreden. Sie hatte aber jedes Mal abgelehnt, denn aus irgendeinem Grund regte der Mann sie fürchterlich auf. Dabei konnte sie nicht einmal sagen, warum. Wir schauten uns die Sache genauer an. Helle begann, verschiedene mögliche Gründe für ihre Irritation zu formulieren; beispielsweise vertrat er Ansichten, die sie nicht teilte. Aber keiner der Gründe erklärte ihre dermaßen ausgeprägte Reaktion.

Erst viel später im Therapieverlauf fanden wir die Erklärung. Eine alte, verdrängte Trauer war aufgetaucht, und als diese bearbeitet war, konnte Helle sehr viel besser mit ihrer Sehnsucht nach der Fürsorge anderer Menschen umgehen. Auch die Irritation bezüglich des Mannes verschwand. Tatsächlich wollte sie später sehr gerne gerade mit ihm zusammen sein, weil sie merkte, dass er ihr mehr Wärme und Empathie bieten konnte, als ihr gewöhnlich entgegengebracht wurden.

Wer Trauer, Sehnsucht oder Schmerz vor sich selbst und den anderen verbirgt, reagiert auf das Angebot von Fürsorge womöglich mit Abwehr, Irritation oder Wut. Der «vergessene» Schmerz macht sich bemerkbar, aber da unsere Psyche einen eingebauten Drang hat, Schmerz auszuweichen, blockieren wir den Versuch, dem Schmerz so nahe zu kommen, dass wir ihn betrauern, verarbeiten und ihn in unsere Persönlichkeit integrieren können.

Wut ist sowohl nach innen als auch nach außen ein effektiver Selbstschutz. Nach außen, weil sie andere Menschen verstummen lässt und sie dazu bringt, sich zurückzuziehen. Nach innen, weil Wut häufig andere Gefühle wie beispielsweise Machtlosigkeit oder Angst überdeckt, mit der durchaus erwünschten Wirkung, dass wir sie dann nicht mehr spüren.

Wut wird von Gedanken geschürt und am Leben gehalten, wie denen, dass wir getäuscht worden sind oder ungerecht behandelt werden. Bei Menschen, die dazu neigen, ihre Wut nach innen zu richten, drehen sich die Gedanken typischerweise um Ärger oder Reue, etwa darum, wie gut es gewesen wäre, wenn sie nur anders gehandelt hätten. Häufig bewirken solche Gedanken, dass wir mit unseren Gefühlen auch uns selbst unterdrücken.

Wenn Sie als Leserin oder Leser bei der Lektüre dieses Buches aufsteigende Wut in sich verspüren, liegt das womöglich daran, dass Sie kurz vor der Entdeckung Ihrer eigenen Selbstschutzstrategien stehen – und sich gegen die Verwirrung oder das Unbehagen zu schützen versuchen, die den ersten Schritt auf dem Weg zur Entlarvung einer Selbstschutzstrategie bilden.

Manche Menschen erleben es als große Erleichterung, wenn die Selbstschutzstrategien, die ihre Wut verdecken, sich so lockern, dass diese deutlicher spürbar wird als je zuvor. Sie entdecken, dass sie nun besser Nein sagen und besser auf sich achten können. Und so kommen sie schnell zu dem Schluss, sie seien endlich am Ziel angelangt.

Aber die Wut ist nur eine Station auf dem Weg, selbst wenn es verlockend sein kann, hier stehen zu bleiben und die Wut direkt ins eigene Verhaltensrepertoire aufzunehmen.

Ein Beispiel:

Als Kasper Kontakt zu seiner Wut bekam, fuhr er nach Hause zu seinen alten Eltern und erzählte ihnen, was er von ihrer Art der Kindererziehung hielt und wie oft er sich von ihnen enttäuscht gefühlt hatte. Die Aussprache verschaffte ihm so große Erleichterung, dass er ganz aufgekratzt wurde und sich so energiegeladen fühlte wie seit vielen Jahren nicht mehr.

Aber Wut unreflektiert in Verhaltensweisen aufzunehmen ist ein Notprogramm und hat nichts mit konstruktiver emotionaler Kompetenz zu tun. Ein Wutausbruch kann durchaus zu etwas Positivem führen und ist oft besser, als gar nichts zum Ausdruck zu bringen. Und wenn man gut darin ist, um Entschuldigung zu bitten, kann man die Beziehung wieder in Ordnung bringen, falls sie dadurch Schaden nehmen sollte.

Meistens jedoch ist es für alle Beteiligten das Beste, wenn man seine Wut nicht sofort ausleben muss. Am besten wartet man, bis man selbst ein Stück innerer Arbeit geleistet und genügend Kraft gesammelt hat, um sowohl mit seiner eigenen Wut umzugehen als auch seinem Gegenüber Mitgefühl und Offenheit entgegenzubringen.

Erst Jahre später war Kasper in der Lage, die Situation aus der Perspektive seiner Eltern zu sehen. Sie waren überrumpelt und unglücklich wegen seiner Anschuldigungen. Ihnen fehlten schlicht die Voraussetzungen dafür, seine Anklagen zu verstehen. Lange behandelten sie ihn ängstlich und hielten Abstand, weil sie weitere Tiraden befürchteten.

Wut zu spüren und auszudrücken ist kein Ziel. Viel lebendiger ist es, die Trauer und Sehnsucht zu spüren und auszudrücken, die oft unter der Wut liegen, und deren Wahrnehmung den Weg zu einem besseren Erleben von Nähe und Verbundenheit mit anderen Menschen ebnen kann.

Trauer und Schmerz

Irritation und Wut sind oftmals Vorboten von Trauer und Schmerz. Manche Menschen glauben, das träfe nur auf diejenigen zu, die eine schwere Kindheit hatten. Aber keiner hatte perfekte Eltern. Wir alle haben als kleine Kinder erlebt, wie wir zurückgewiesen wurden, uns ungeliebt fühlten oder alleine gelassen wurden. Und das hat tiefere oder weniger tiefe Spuren hinterlassen.

Setzen wir den Dialog zwischen Martin und der Therapeutin fort. Seit Martins Wut aus ihm herausgeplatzt ist, ist einige Zeit vergangen:

T: Was spüren Sie jetzt gerade in Ihrem Körper?
M: Einen Kloß im Hals – ich friere – bin traurig.
T: Was fehlt Ihnen?
M: Weiß nicht (schaut weg).
T: Sie schauen weg. Was fühlen Sie?
M: Leere.
T: Was ist da drin, in der Leere?
M: (ihm kommen die Tränen)
T: Worauf haben Sie gerade Lust? Gibt es etwas, das ich sagen oder tun könnte, um Sie wieder froh zu machen?
M: Wenn Sie sagen würden, dass Sie mich mögen (weint).

Danach taucht eine Kindheitserinnerung auf. Martin erinnert sich daran, wie er beim Abendessen aufmerksam das Gesicht seiner Mutter beobachtete, weil er sich nicht die kleinste Chance entgehen lassen wollte, ein Lächeln von ihr zu erhaschen. Die Miene der Mutter jedoch blieb verschlossen und abwesend, und als er vom Tisch aufstand, empfand er Abweisung und Sehnsucht.

In dieser Erinnerung kann er sich selbst als den kleinen, vorsichtigen Jungen sehen, der er damals war. Ein Junge, der sich bis zum Äußersten anstrengte, geliebt zu werden, aber nur sehr wenig emotionale Nähe und Aufmerksamkeit bekam. Martin steht kurz davor, seinen eigenen Mangel an Liebe wahrzunehmen. Es kann eine brutale Erfahrung sein, das eigene Ungeliebt-Sein erneut zu durchleben – besonders, wenn einem dieser Mangel an Liebe bei Menschen begegnet ist, mit denen man früh in seinem Leben eng verbunden war. Aber es ist der Kern seines Problems, und in der Entdeckung liegt die Quelle neuer Lebendigkeit.

Im Mitfühlen mit sich selbst als kleinem Jungen und mit dem erwachsenen Mann, der er heute ist und der sich immer noch anstrengt, beginnt Martin, seine Trauer zu spüren.

Wenn eine Selbstschutzstrategie entlarvt wird, können die Gefühle aus der Kindheit in ihrer ursprünglichen Intensität auftauchen. Am Anfang war es Martin äußerst unangenehm, wenn ihn die Trauer überwältigte. Doch als er lernte, sie zu akzeptieren und ihr Raum zu geben, entdeckte er, wie dicht Kummer und Freude beieinanderliegen und wie belebend es sein kann, wenn man beiden freien Lauf lässt. Es kommt darauf an, mit seiner Trauer umgehen zu können. Sie in Worte zu fassen und sie zu integrieren, sodass sie zu einem Teil unserer Persönlichkeit werden kann, den wir unbeschwert besitzen und in engen, sicheren Beziehungen zeigen können.

Viele unbewusste Muster im Leben entstehen aus dem Versuch heraus, Trauer oder Schmerz auszuweichen. Ganz bei sich zu sein, heißt auch, mit dem bisher erlebten Leid und der Lieblosigkeit verbunden zu sein, der man begegnet ist. Wenn man zu den Gefühlen des Nicht-geliebt-Seins (oder auch des Geliebt-Seins) in der Kindheit wie im späteren Leben auf Distanz gegangen ist, hat man sich wahrscheinlich auch von dem Punkt in sich selbst entfernt, an dem man spüren kann, ob andere Menschen einen mögen oder nicht. Charlotte, die längere Zeit in Therapie war, erzählt:

> «Jetzt habe ich gelernt, wahrzunehmen, ob der, mit dem ich zusammen bin, mich von ganzem Herzen mag – oder ob er nur daran interessiert ist, mit mir zusammen zu sein. Wenn Letzteres der Fall ist, investiere ich weniger in die Beziehung und passe besser auf mich auf.
>
> Vorher habe ich mein Herz eigentlich an jeden verschenkt, der mich anlächelte und mir den kleinen Finger reichte. Tief im Inneren hatte ich das Gefühl, ich sei eine miese Person, die dankbar dafür sein sollte, wenn überhaupt jemand freundlich zu mir war.
>
> Nach der Aufarbeitung einiger Episoden meiner Kindheit sehe ich jetzt, dass ich einmal ein sensibles Kind war, das im Hinblick auf emotionalen Kontakt und Wärme unter schlechten Voraussetzungen aufwuchs.
>
> Diese Erkenntnis war am Anfang zu überwältigend für mich, auch wenn ich vor allem aus Erleichterung weinte. Eine Weile ging es hin und her, in dem einen Moment sah ich meine Erkenntnis ganz deutlich in einem neuen Licht, und im nächs-

ten Augenblick zweifelte ich an dem, was ich gerade noch verstanden hatte.

Inzwischen habe ich mir unter Tränen einen Weg durch das Chaos und die Verwirrung gebahnt, durch die ich hindurchmusste, um Ruhe in meiner neuen Identität zu finden. Sie ist nun meine Entscheidungsgrundlage dafür, was ich im Verhältnis zu anderen Menschen will oder nicht will.»

Charlottes Gedanke: «Ich bin ein mieser Mensch» hatte seit ihrer Kindheit Besitz von ihr ergriffen. Ganz egal, wie sehr sie sich auch in positivem Denken übte, er tauchte immer wieder auf, steuerte ihre Aufmerksamkeit und ließ sie in depressive Phasen fallen. Er funktionierte nämlich als Selbstschutz gegen das Empfinden der Lieblosigkeit ihrer Kindheit. Erst als Charlotte es schaffte, die Lebensbedingungen ihrer Kindheit zu betrachten und mit ihrer emotionalen Reaktion auf diese Wirklichkeit umzugehen, verlor dieser hartnäckige Grundgedanke seinen Einfluss auf sie. So konnte sie zu einem neuen, ihrer Lebenswirklichkeit als erwachsene Frau entsprechenden Selbstverständnis finden.

Wenn wir Selbstschutzstrategien entlarven, die inzwischen mehr schaden als nützen, fühlen wir uns nicht zwingend glücklich. Mit viel größerer Wahrscheinlichkeit fühlen wir uns anfangs verletzlich und nackt, spüren gleichzeitig aber verstärkt das Gefühl, am Leben zu sein. Normalerweise ist dieses Gefühl begleitet von der Erfahrung, jetzt im Guten wie im

Schlechten präsenter zu sein. Manche Menschen erzählen, dass sie in den gelingenden Beziehungen nun größere Zufriedenheit und Freude erleben, in den misslingenden hingegen, in denen sich aus dem einen oder anderen Grund keine Nähe herbeiführen lässt, aber auch größeren Schmerz empfinden. Ulla erzählt:

> «Als ich zum ersten Mal die Erfahrung machte, dass ich voller Trauer war, und trotzdem nicht das Bedürfnis verspürte, zu fliehen, sondern weiter eng mit meiner Therapeutin in Verbindung blieb, war das, als würde sich mir eine ganz neue Welt öffnen. Ich fühlte mich gleichzeitig wahnsinnig verletzlich und sehr lebendig. Mein Verständnis davon, was man in diesem Leben bekommen kann, erweiterte sich, meine Hoffnung wuchs und ich bekam mehr Kraft.»

Viele wenden unglaublich viel Energie dafür auf, ihren eigenen Schmerz und andere Menschen auf Abstand zu halten. Den Schmerz zu integrieren und sich selbst die Erlaubnis zu erteilen, seine Trauer und seine Sehnsucht zu spüren, kann der Weg in die Freiheit sein.

Auf der nächsten Seite sehen Sie ein Modell der unterschiedlichen Schichten:

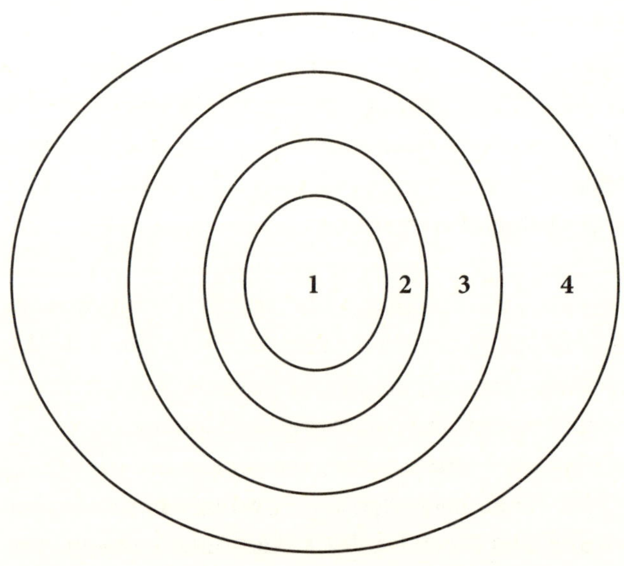

1. Liebe und Bindung
2. Trauer und Schmerz
3. Irritation und Wut
4. Selbstschutzstrategien

Die Sehnsucht nach Bindung und Liebe

Wir werden mit der Bereitschaft geboren, enge Bindungen mit anderen Menschen einzugehen. So, wie Vögel instinktiv wissen, wie man Nester baut, so ist das neugeborene Baby mit allem ausgestattet, was es braucht, um eine Bindung zu anderen aufzubauen.

Vater und Mutter haben jeweils ihre eigene Geschichte. Sie entstammen ihrer jeweiligen Herkunftsfamilie und tragen ihr soziales und ihr biologisches Erbe mit sich, im Guten wie im Schlechten. Wenn die primäre Bezugsperson selbst große unverarbeitete Traumata im Gepäck hat, kann das zu Bindungsproblemen führen.

Dann wird das Kind mit einer großen Sehnsucht nach etwas leben, von dem es instinktiv weiß, dass es existieren muss, von dem es sich aber kein deutliches Bild machen kann.

Charlotte, von der wir im letzten Abschnitt bereits gehört haben, verstand auf einmal einen Traum, den sie immer wieder träumte, seit sie denken konnte. In diesem Traum ging es kurz gesagt darum, dass sie sich plötzlich in einer lebensgefährlichen Situation wiederfand. Sie griff nach einem Telefon, um Hilfe zu rufen, aber auf der Tastatur fehlten ausgerechnet die zu wählenden Zahlen. In der Regel wachte sie auf, während sie verzweifelt weinend mit dem Telefon in der Hand dastand und versuchte, eine Verbindung herzustellen.

Der Traum war ein Bild für die Einsamkeit und Verzweiflung, die sie als Kind empfunden und in ihrem Erwachsenenleben immer wieder erlebt hatte.

Charlottes Mutter hatte große psychische Probleme, und Charlotte konnte nur selten und in unvorhersehbaren Momenten eine gute emotionale Bindung zu ihr aufbauen. Wenn sie sich als Erwachsene in schwache Männer verliebte, denen sie zu helfen versuchte, nahm sie das Muster wieder auf. Sie stellte sich jedes Mal vor, der Mann sei so einsam und bräuchte die Bindung, die sie anbieten konnte. Doch je mehr sie ihm diese Nähe entgegenzubringen versuchte, desto weiter zog er sich zurück. Jedes Mal endete es in Verzweiflung und Tränen.

Bei einer Therapiesitzung wurde Charlotte bewusst, dass die von ihr wahrgenommene tiefe Einsamkeit der Männer, der sie abhelfen wollte, ihre eigene war. Sie hatte versucht, sich gegen ihre eigene Einsamkeit und ihre starke Sehnsucht zu schützen, teils, indem sie beides auf die Männer projizierte, teils, indem sie Situationen vermied, in denen die Emotion besonders zunahm. Zeitweise hatte sie bestimmte Liebeslieder nicht aushalten können, und wenn sich ihre Freundinnen verliebten, zog sie sich von ihnen zurück.

Charlottes Einsamkeit und ihre Sehnsucht nach Liebe lagen gleich unter der Oberfläche. Sie erlebte sie in starken Momentaufnahmen, auch wenn sie lange nicht dazu in der Lage war, sich ihnen in ihrem ganzen Umfang zu stellen. Diese Offenbarungsmomente hatten ihr geholfen, nicht zu resignieren, sondern weiter nach dem zu suchen, was ihr fehlte. Als sie ihr Muster erkannte, die Beziehung zu ihrer Mutter zu verarbeiten begann und lernte, mit ihrer eigenen Einsamkeit und Sehnsucht zurechtzukommen, brauchte sie Liebesliedern oder verliebten Freundinnen nicht länger auszuweichen. Langsam tauchten auch andere Männertypen in ihrem Leben auf.

Manche Menschen nehmen ihren Mangel an Liebe nicht wahr. Sie geben sich mit einem genügsamen Gefühlsleben zufrieden. Den Glauben daran, dass es mehr als das geben könnte, haben sie aufgegeben. Vielleicht betäuben sie sich mit zu viel Essen, Schlaf, Unterhaltung oder verschiedenen Formen von Genussmittelmissbrauch. Aber auch für solche Menschen kann sich die Sehnsucht in Träumen oder Fantasien bemerkbar machen. Oder sie zeigt sich als Neid oder Verachtung für diejenigen, die Gefühlen in ihrem Leben hinreichend viel Raum lassen.

Menschen, die ihre Sehnsucht spüren können – egal wie schmerzhaft diese sein mag –, sind dem Ersehnten näher als diejenigen, die das nicht können.

Manche Menschen haben stabile Beziehungen zu Familie und Freunden und vielleicht sogar zu einem Partner und sehnen sich trotzdem. Vermutlich müssen sie lernen, Nähe zuzulassen. In meinem Buch «Die Kraft des Fühlens» ist nachzulesen, wie man sich zwischen verschiedenen Kontaktebenen auf und ab bewegen kann. Mit verschiedenen Werkzeugen können wir steuern, wie oberflächlich oder wie tief eine bestimmte Beziehung wird.

Wer etwas Neues über seine Bedürfnisse und sich selbst gelernt hat, stellt sich oft die Frage, ob er die neuen Erkenntnisse denen mitteilen soll, auf die sie sich beziehen. Das sind in unserem Fall in der Regel die Eltern.

Das veränderte Verhältnis zu den Eltern

Wenn wir beginnen, eine realistischere Sicht auf unsere Eltern und uns selbst zu entwickeln, dann zieht sich dieser Prozess normalerweise über eine lange Zeit hin. Ob es gut ist, die Eltern mit den neuen Einsichten zu konfrontieren, müssen wir von Fall zu Fall entscheiden.

Wir müssen uns bewusst sein, dass die Sicht auf die Eltern, wenn das bisher als gegeben betrachtete Idealbild zerbricht, vermutlich eine Zeit lang in Abwertung umschlagen wird. Nachdem man sie lange Zeit über als besser wahrgenommen hat, als sie eigentlich waren, ist es naheliegend, nun den Spieß umzudrehen und sie als Versager zu betrachten.

Ein gutes Beispiel ist Maria, die sich oft selbst sagen hörte: «Meine Eltern haben mir alles gegeben.» Als ihre Eltern-Idealisierung in sich zusammenstürzte, stellte sie das Ganze auf den Kopf und erlebte ihre Eltern im Gegenteil als Menschen, die ihr überhaupt nichts Gutes angedeihen ließen. Doch nach einigen Monaten fand Maria langsam zu einem Gleichgewicht und erinnerte sich wieder an Gelegenheiten, bei denen ihre Eltern sie tatsächlich aufrichtig und selbstlos unterstützt hatten.

Sie folgte dem Rat ihres Therapeuten, noch damit zu warten, die neuen Erkenntnisse ihren Eltern mitzuteilen, bis sie sich gründlich an ihr neues Weltbild gewöhnt hatte.

Ein anderes Beispiel ist Sofie. Sie wusste genau, dass ihre Mutter sich vermutlich nicht aus böser Absicht so verhalten hatte, wie sie es getan hatte. Sie wusste, dass die Mutter selbst Opfer ihres sozialen und biologischen Erbes war. Trotzdem wurde Sofie von ihrer Enttäuschung überwältigt, als die Idealisierung zerbrach. Sie erlebte dies, als hätte die Mutter sie getäuscht. Lange war es schwierig für Sofie, mit ihrer Wut auf die Mutter umzugehen.

In dieser Zeit schränkte sie den Kontakt auf E-Mails ein, weil persönliche Begegnungen bei ihr so viel Ärger und Frustration weckten, dass Besuche zu anstrengend und überwältigend waren.

Nach einer längeren Therapie gelang Sofie der Umgang mit ihrer Enttäuschung und Trauer, und sie konnte ihrer Mutter wieder auf eine erwachsene und gefasste Art begegnen. Mit der Zeit brachte sie sogar die Energie auf, die Bemühungen ihrer Mutter um ein gutes Verhältnis zu ihrer Tochter wertzuschätzen.

Nach der Berichtigung der Sicht auf Vater oder Mutter kann sich im besten Fall eine ganz neue und gleichberechtigtere Beziehung zwischen den Eltern und ihrem erwachsenen Kind entwickeln. Im schlimmsten Fall kommen die Eltern nicht damit zurecht, dass ihre Kinder sie nun anders wahrnehmen – und es kommt vor, dass Beziehungen so belastet werden, dass ein Kontaktabbruch sich als das Beste für beide Seiten herausstellt. Zwischen diesen beiden Polen gibt es jedoch eine Vielzahl an Mittelwegen. Sich beispielsweise mit zwei Besuchen im Jahr für zwei Stunden zufriedenzugeben, kann bei einer schwierigen Beziehung eine gute Lösung darstellen, wenn man sie trotz allem nicht ganz aufgeben möchte.

Die Veränderung der Sichtweise auf sich selbst oder seine Eltern ist ein umfassender Prozess, der manchmal zwischen Extremen hin- und herspringt, bis man ein Gleichgewicht findet. Das eine Extrem ist, seine Eltern als besser zu sehen, als sie tatsächlich sind. Das andere ist, sie als schlechter wahrzunehmen.

Auch in Sachen Selbstbild kann man in diese Extreme verfallen, indem man sich abwechselnd als großartige Persönlichkeit und als Verlierer fühlt. Mit dem Selbstbild hängt oft auch die Sicht auf den Partner zusammen. Manchmal kommt man sich als zu gut für seinen Partner vor und möchte lieber seinen eigenen Weg gehen – während man in anderen Zeiten schlichtweg nicht glaubt, mit dem Partner mithalten zu können, und von der Angst überwältigt wird, verlassen zu werden.

Die Kunst im Leben besteht darin, sein Gleichgewicht zu finden. Voraussetzung dafür ist eine innere Größe, die manchmal erst aufgebaut werden muss, doch das ist machbar. Um seinen inneren Halt zu finden, muss man sich trauen, mit all seinen Fehlern und Vorzügen man selbst zu sein.

Kapitel 8

Der Weg nach Hause

Hinter der sozialen Maske

Ist die Angst, alles andere als «gut genug» zu sein, ausreichend groß, verhärtet sich die soziale Maske. Bei manchen Menschen erstarrt sie zu einer Grimasse, die sie nie ablegen.

Möchte man ein Gesicht ohne eine solche soziale Maske sehen, kann man in einem vorbeifahrenden Bus einen Blick darauf erhaschen. Vielleicht hat man Glück und entdeckt einen Passagier, der aus dem Fenster schaut und nicht damit rechnet, beobachtet zu werden. Er oder sie sieht vermutlich sehr entspannt aus. Vielleicht steht der Mund ein wenig offen, vielleicht hängen die Mundwinkel ein bisschen herab. Aber sobald die betreffende Person angesprochen wird, wird er oder sie das Gesicht schnell wieder «einfangen», die Maske aufsetzen und vielleicht lächeln.

Es ist gut, über eine soziale Maske zu verfügen, die man in der Gesellschaft anderer Menschen aufsetzen kann. Es wäre wenig angemessen, sich immer allen mit unverstelltem Gesicht zu zeigen. Problematisch wird es, wenn man sich selbst nicht mehr bewusst ist, wann man diese Maske auf- oder absetzt, oder wenn man sie überhaupt nie ganz ablegt – nicht einmal in den engsten Beziehungen. Eine Klientin erzählt:

> «Viele Jahre über konnte ich nicht einschlafen, wenn ein Mann neben mir lag. Es war, als würde ich mich nicht trauen, mein Gesicht loszulassen. In der Therapie fand ich später heraus, wovor ich mich fürchtete. Ich hatte ganz einfach Angst davor, dass der Mann nachts aufwachen und mich schlafen sehen würde. Man kann sich ja nicht mit einem Lächeln schlafen legen und dann damit rechnen, dass das die ganze Nacht über so bleibt. Ich hatte Angst, ich würde nicht gerade attraktiv aussehen, wenn ich die Kontrolle über mein Gesicht beim Schlafen aufgab, und dass er sich dann zurückziehen oder mich verlassen würde.»

Sein Gesicht so zu zeigen, wie es ist, führt zu gutem Kontakt – und das ist ansteckend. Schauen wir jemandem, der zutiefst entspannt und offen ist, ins Gesicht, bekommt auch unser eigenes Gesicht Lust, entspannt und offen zu sein. Schauen wir dagegen in ein breit lächelndes Gesicht, wird es plötzlich schwer, nicht auch selbst zu lächeln – sogar, wenn wir gerade überhaupt nicht fröhlich sind.

Ein Lächeln kann verhindern, dass sowohl der lächelnde Mensch als auch sein Gegenüber sich selbst richtig wahrnehmen. Beispielsweise fällt es schwerer, einzugestehen, dass es einem gerade schlecht geht, wenn der andere die ganze Zeit über lächelt. Ein Lächeln, das mehr Maske als Ausdruck der inneren Wirklichkeit einer Person ist, kann als Selbstschutzstrategie eingesetzt werden. Das Gleiche gilt für einen ununterbrochenen Gesprächsfluss. Es ist sehr schwer, wirklich mit jemandem in Kontakt zu kommen, der ununterbrochen redet. Wenn dagegen beide wagen, auch einmal eine Redepause auszuhalten, die soziale Maske fallen zu lassen und einen guten Blickkontakt herzustellen, kann daraus ein belebendes Gefühl der Nähe entstehen.

Tut man das nur selten und findet man es beängstigend, seine soziale Maske abzulegen und seinem Gesicht zu erlauben, sich unwillkürlich in Falten zu legen, weil das die innere Wirklichkeit im Augenblick widerspiegelt, dann verbaut man sich den Weg zu einem besseren Kontakt sowohl nach innen als auch nach außen.

Wer in seinem Leben authentisch sein will, wer die Lebendigkeit der eigenen Existenz spüren möchte, sollte von der Anstrengung ablassen, sich in jedem Moment richtig, angemessen oder klug verhalten zu wollen und in den Augen der anderen ein bestimmtes Bild zu erzeugen. Es gilt, einen Punkt zu erreichen, an dem wir wagen, einfach zu sein – ohne etwas Bestimmtes sein zu wollen. Die Einstellung «Ich bin, wer ich bin» ist eine gute Grundhaltung, die der Person den

Raum geben kann, mit ihren tiefer liegenden Gefühlen, Wünschen oder Sehnsüchten Kontakt aufzunehmen und sie zu erforschen, um so von innen heraus ein gutes Gespür für sich selbst zu entwickeln.

Sich dafür entscheiden, man selbst zu sein, um sich für Begegnungen mit anderen entscheiden zu können

Wenn wir uns selbst klar und deutlich sehen und verstehen wollen, dürfen nicht zu viele unbewusste und automatisierte Selbstschutzstrategien in Kraft sein. Das trübt unseren Blick und hindert uns daran, unser Inneres zu spüren und andere Menschen mit ihren eigenen Prämissen wahrzunehmen.

Zu der Entscheidung, man selbst zu sein, gehört auch der Entschluss, auf einen guten Umgang mit der eigenen inneren Wirklichkeit hinzuarbeiten und zu sich selbst zu stehen, selbst wenn man es nicht schafft, seinen eigenen Idealen oder denen anderer Menschen gerecht zu werden. Dazu gehört auch, zu akzeptieren, dass das wirklich Wichtige im Leben meist außerhalb unseres Einflusses liegt. Sich zu entscheiden, man selbst zu sein, ist eine Übung darin, Kontrolle aufzugeben und im Strom des Lebens mit zu schwimmen.

Leben ist Bewegung. Wir verändern uns ständig. Die Menschen, an die wir uns binden, müssen wir eines Tages loslassen. Das Leben ist abwechselnd traurig und wunderbar.

Wer es wagt, unter diesen Umständen Mensch zu sein, und sich darauf einlässt, genau die Person zu sein, die er ist, kann aus dem, was er im Jetzt wahrnimmt, heraus leben und braucht sich nicht mehr davon steuern zu lassen, was er in der Vergangenheit empfand und fürchtete. Wer so ganz im Jetzt präsent ist, kann auch dem anderen begegnen. Denn für eine echte Begegnung im Jetzt müssen beide Seiten wagen, sie selbst zu sein.

Wir können zusammen sein, ohne dass es zu einer echten Begegnung kommt. So ist unser Umgang miteinander möglicherweise eher von Konsumverhalten geprägt. Vielleicht benutzen wir andere Menschen, um durch sie Ablenkung, Unterhaltung oder Informationen zu bekommen, um uns in ihnen zu spiegeln oder von ihnen Anerkennung zu erfahren, was wir halt gerade brauchen. Wir können einander benutzen, wie man Dinge benutzt. Anstatt den Fernseher einzuschalten und uns davon unterhalten zu lassen, rufen wir vielleicht eine Freundin an, um mit ihr eine Runde zu plaudern. Ob Interesse an einer echten Begegnung besteht, ist dabei nicht sicher. Vielleicht fehlt uns im Moment die Kraft für tiefere soziale Kontakte oder vielleicht haben wir ganz allgemein kein besonders großes Interesse am Innenleben der anderen Person.

Es ist nicht schlimm, dass wir andere manchmal auf diese Weise «benutzen». Wären wir die ganze Zeit in vollem Kontakt mit uns selbst und miteinander, würde das Leben viel zu anstrengend. Aber wenn das die einzige Art von Kontakt ist, die wir anbieten oder bekommen, mindert das unsere Lebensqualität. Oder wenn wir selbst nicht zwischen der einen und der anderen Form des Kontaktes zu unterscheiden verstehen.

Bei einer echten Begegnung gibt es keine Tagesordnung. Es gibt keinen bestimmten Zweck, nichts, was man sich davon erhofft, nichts, wozu man den anderen benutzen will. Bei einer echten Begegnung trifft man den anderen in genau diesem Augenblick, im Jetzt. Was dabei geschieht, kann man nicht vorhersehen, und man geht das Risiko ein, dass diese Begegnung einen verändern wird. Vielleicht gibt es einen Moment, in dem man das Gefühl hat, dass «ich weiß, dass du weißt, dass ich weiß» oder «ich spüre, dass du fühlst, dass ich fühle».

Sich geliebt zu fühlen heißt, sich so, wie man ist, gesehen und akzeptiert zu fühlen. Lieben zu können heißt unter anderem, sich und andere sehen, akzeptieren und verstehen zu können.

«Alles wirkliche Leben ist Begegnung», schreibt der jüdische Philosoph Martin Buber. Wir können nicht planen oder beschließen, wann es zu einer Begegnung von so hoher Qualität kommt, dass wir wirklich spüren, dass wir am Leben sind. Aber wir können die besten Voraussetzungen dafür schaffen. Und genau das tun wir, wenn wir uns von unseren Selbstschutzstrategien verabschieden und uns dafür entscheiden, wir selbst zu sein. Wenn wir das tun, eröffnen sich neue Möglichkeiten in unseren Beziehungen und alles wird einfacher.

Schlechte Investitionen einstellen

Hat man viel Energie darauf verwendet, gut genug zu sein, und das heißt zumeist, gut genug, um geliebt zu werden, ist es schwer, das Handtuch zu werfen und das unmögliche Projekt aufzugeben. Besonders, wenn das schon über viele Jahre lief.

Es ist ein bisschen, als hätte man mit Aktienkäufen viel Geld in eine Firma investiert, die einem für den Rest des Lebens Schönwetterzeiten versprochen hat. Immer, wenn man kurz davor ist, den Mut zu verlieren, hört man nur, man solle noch mehr nachschießen, dann würde es schon gelingen.

An dem Tag, an dem man sich dazu entscheidet, den Geldfluss (Energiefluss) zwischen der eigenen Tasche und den Konten der Firma zu unterbrechen, muss man der Tatsache in die Augen sehen, dass man eine Fehlinvestition getätigt hat. Das kann dazu führen, dass man das Geld (Leben) betrauert, welches man auf diese Art verspielt hat. Investiert man hingegen weiter und immer mehr in die Hoffnung, dass das Unmögliche eines Tages doch noch geschieht, kann man der unbequemen Wahrheit und seiner eigenen Trauer ausweichen.

Zu erkennen, dass die Strategien oder Glaubenssätze, nach denen man sich bislang gerichtet hat, nicht zu dem gewünschten Resultat geführt haben und auch nie führen werden, kann so schockierend wie überwältigend sein. Schon die Entdeckung, dass es andere, befriedigendere Lebensweisen gibt, kann Trauer auslösen – auch wenn sie gleichzeitig die Tür zu größerer Lebensfreude öffnet.

Ein Beispiel:

Anne hatte früh Kinder bekommen und sich dafür entschieden, Hausfrau zu sein. Obwohl ihr das Leben oft langweilig und einsam vorkam, glaubte sie, dass sie acht Stunden am Tag unter Leuten überfordern würden.

Als sie dann im Alter von fünfunddreißig Jahren zum ersten Mal in ihrem Leben aus finanziellen Gründen Arbeit suchen musste, entdeckte sie, dass ihr der Umstand, unter Menschen zu gehen, Kraft schenkte. Ihre Laune verbesserte sich so sehr, dass sie sich kaum wiedererkannte. Nach fünfzehn Jahren als Hausfrau tat sie sich schwer mit der Erkenntnis, dass sie sich viel besser fühlte, wenn sie arbeiten ging. Um sich gegen diese Erkenntnis zu schützen, zweifelte sie lange, ob das denn auch stimmte. Sie sagte sich, dass es vielleicht nur der Reiz des Neuen sei, der ihr diese überraschende Freude schenkte. Aber mit der Zeit konnte sie gut mit der Erkenntnis zurechtkommen, dass arbeiten zu gehen ihre Energie anfachte, statt sie zu überfordern, und auch die Kinder profitierten davon.

Auf lange Sicht überstieg die neue Freude die Trauer über die fünfzehn einsamen Jahre bei Weitem. Aber gerade im ersten Moment war die Trauer überwältigend. Und wenn man nicht gut im Trauern ist oder unbewältigte Trauer im Gepäck hat, kann es verlockend sein, in alte Muster zurückzufallen und die neue Freude anzuzweifeln, die man zu unterdrücken oder ganz zu vergessen sucht.

Viele Menschen bleiben in alten Verhaltensmustern und überkommenen Strategien befangen und kommen erst dann davon los, wenn sie in eine Krise geraten und sich «freitrauern» oder eine andere Wachstumsmöglichkeit erleben.

Wer eine große verdrängte oder unverarbeitete Trauer mit sich herumschleppt, kann neuen Sorgen gegenüber ebenso anfällig sein, wie es Menschen mit PTBS (Posttraumatischer Belastungsstörung) für das wiederholte Erleben ihrer Traumata sind.

Glücklicherweise gibt es heute gute Möglichkeiten, professionelle Hilfe in Anspruch zu nehmen, wenn man alte Traumata zu bearbeiten hat und lernen will, mit den Unwägbarkeiten des Lebens und seinen eigenen Unsicherheiten zurechtzukommen.

Wer in Kummer und Freude wach und präsent leben möchte, muss loslassen können. Wir müssen imstande sein, uns von vertrauten Menschen und Dingen zu verabschieden, damit wir das Neue, das vor uns liegt, annehmen können. Es ist wichtig, alte Muster abzulegen, damit neue und zeitgemäße Strategien an ihre Stelle treten können. Das Leben ist Bewegung. Wir treffen einander und knüpfen Bande. Wir trennen uns und müssen uns freitrauern, um in neuen Beziehungen frisch anfangen zu können. Weinen hat seine Zeit, und Lachen hat seine Zeit. Das meiste dessen, das die größte Freude oder die tiefste Trauer hervorrufen kann, können wir nicht kontrollieren. Aber wer gut darin ist, loszulassen und sich freizutrauern, ist für die Strapazen des Lebens gut gerüstet.

Die Krise als Schritt auf dem Weg

Wer die ihm zuvor als selbstverständlich erschienene Lebenswirklichkeit und seine bisherige Selbstwahrnehmung mit einem Fragezeichen versieht, kann in eine Krise geraten.

Als Anne klar wurde, dass ihr Mann es besser mit ihr meinte, als sie bisher gedacht hatte, und dass ihre negativen Bilder von ihm mehr über sie selbst aussagten als über ihn, verlor sie ihren sicheren Halt und stellte eine Weile alles infrage, was sie vorher gedacht und geglaubt hatte. Sie selbst beschrieb es so, als sei sie aufs offene Meer hinausgeraten. Das zog sich über mehrere Monate hin. Später erzählte sie:

> «Bevor ich anfing, mir meiner Selbstschutzstrategien bewusst zu werden, war ich selbstbewusster als heute. Zu der Zeit erlebte ich mich als gut funktionierend und ärgerte mich nur darüber, dass ich immer wieder an Menschen geriet, mit denen man es nur schwer aushalten konnte. Die Erkenntnis, dass ich tatsächlich selbst ganz erheblich zu diesen schwer auszuhaltenden Situationen beitrug, war ganz und gar nicht schön.»

Bevor man beginnt, über sich selbst zu reflektieren, fühlt sich das Leben manchmal leichter an. Es ist aber auch ärmer. Denn je schlechter man sich selbst wahrnimmt, desto schlechter ist auch die Qualität der Beziehungen zu anderen Menschen. Wenn man weder die anderen noch sich selbst klar sieht, kommt es irgendwann zu Verwicklungen und zu dem Gefühl, unverstanden zu sein. Je weniger man sich selbst spürt, desto undeutlicher wird das Gefühl der eigenen Existenz.

Der lebensverändernde Schmerz

Es gibt viele Berichte darüber, wie Menschen, die an einer lebensbedrohlichen Krankheit erkranken, ihr ganzes Leben neu überdenken und positiv ausrichten. Hinterher bricht es oft aus ihnen heraus: «Warum habe ich bloß nicht schon früher verstanden, dass diese Veränderung mir und meinen Lieben mehr Freude bringen würde?»

Das kann unter anderem daran liegen, dass wir Gewohnheitsmenschen sind. Wenn wir nicht entsprechend hohem Druck ausgesetzt sind, verlassen wir unsere gewohnten Bahnen nicht. Diese kennen wir und dort fühlen wir uns sicher.

Sich der Wirklichkeit anzunähern, indem man unbewusste Selbstschutzstrategien ablegt, kann den gleichen Effekt haben wie eine ernsthafte Erkrankung: Wir finden die Motivation, uns zu verändern, selbst wenn uns das Angst machen kann. Manchmal muss man erst einen gewissen Leidensdruck empfinden, um sichere und bequeme Gewohnheiten abzulegen und sich etwas Neuem auszusetzen.

Als Dorte sich ihrer Wirklichkeit annäherte, verstand sie auf einer viel tieferen Ebene, dass ihr das Schönste im Leben entging, weil sie es nie gewagt hatte, sich auf eine Liebesbeziehung einzulassen. Und ihr war bewusst, dass ihr nur eingeschränkt Zeit zur Verfügung stand, um das zu korrigieren, weil sie die Lebensmitte bereits überschritten hatte. Diese Einsicht löste bei ihr eine Krise aus, die in eine große Trauer mündete.

Sie musste Antidepressiva einnehmen, um die nötige Energie für eine Veränderung ihres Lebens aufbringen zu können. Und dann tat sie etwas, von dem sie sich geschworen hatte, dass sie es nie tun würde: Sie legte ein Profil auf einer Dating-Seite an. Sie entdeckte, dass es sie in ihrer persönlichen Entwicklung weiterbrachte, in Worte zu fassen, was sie einem möglichen Partner bieten konnte und wollte – und nicht zuletzt, ihre eigenen Wünsche auszuformulieren. Seitdem hat sie herausgefunden, dass sie es interessant und inspirierend findet, sich zu verabreden. Als sie die Therapie beendete, hatte sie noch keinen Partner gefunden, aber unter anderem einen Mann kennengelernt, der ihr ein guter Freund geworden war.

Susanne hatte ihr Innenleben immer damit auf Abstand gehalten, sich selbst drei Schritte voraus zu sein.

Die ganze Zeit beschäftigte sie sich mit dem, was gleich, morgen oder nächstes Jahr passieren würde. Ihr Kopf war voller Pläne und Gedanken darüber, wie gut das Leben nur werden würde, wenn sie mit allem fertig wäre, woran sie gerade arbeitete.

In dem Moment, in dem sie diese Form des Selbstschutzes aufgab, spürte sie den Schmerz in ihrem Leben. Sie war in den letzten zehn Jahren oder sogar noch länger nicht mehr mit ihrem Mann intim gewesen. Der Grund dafür war, dass sie ihm wegen etwas böse war, bei dem es, wie sie inzwischen begriff, darum ging, dass sie ihr eigenes Leben nicht aushalten konnte.

Als Susanne dieser Tatsache ins Auge blickte, verfiel sie in tiefe Trauer darüber, dass sie ihr Liebesleben vernachlässigt und ihrem Mann über Jahre die Schuld für Dinge zugeschoben hatte, für die er realistisch betrachtet keine Verantwortung trug und die er auch nicht ändern konnte. Ihre Trauer war einer Depression zum Verwechseln ähnlich. Sie bekam gutgemeinte Ratschläge von Freunden, sie solle nicht so negativ denken und sich stattdessen auf das Positive konzentrieren. Aber in Wahrheit dachte Susanne nun realistischer und befand sich näher an der Wirklichkeit als je zuvor. Mitten in ihrer Trauer streckte sie ihrem Mann die Hände entgegen und konnte ganz neu und ohne Vorbehalte die Fürsorge annehmen, die er ihr anbot.

Die Motivation, alte Verhaltensmuster zu verändern, wächst mit dem Schmerz und der Frustration über ein ungelebtes Leben. Wenn wir damit aufhören, unser Unbehagen mit zu viel Essen, zu viel Unterhaltung, zu viel Schlaf, Rauschmitteln oder anderen Selbstschutzstrategien zu ersticken, gestatten wir ihm dadurch, so groß zu werden, dass wir einsehen, uns verändern zu müssen.

Unnötige Selbstschutzstrategien abzulegen ist der Anfang, im Leben ganz neu präsent zu sein. Der erste Schritt ist, sich selbst Aufmerksamkeit zu schenken, die eigenen Strategien im Leben zu überdenken und zu untersuchen, ob die einzelnen Strategien tatsächlich unserer Selbstverwirklichung dienen oder ob sie unsere Selbsterkenntnis trüben und unseren Beziehungen schaden.

Aufmerksamkeit weist uns den Weg

Wenn wir nicht alle in lebendigen und reifen, liebevollen Beziehungen leben, so liegt das unter anderem daran, dass viele Menschen besser darin werden müssen, sowohl sich selbst als auch anderen näherzukommen. So nahe, dass man sich selbst und den anderen deutlich erkennen kann und Begegnungen von hoher Qualität möglich werden.

Den Weg aus dem Labyrinth der Selbstschutzstrategien weist uns die Aufmerksamkeit. Je weniger uns unser eigenes Inneres bekannt ist, desto häufiger halten wir uns zum Narren, ohne ein Bewusstsein davon zu haben, was eigentlich gespielt wird.

Schon das Wissen, dass es unbewusste Selbstschutzstrategien gibt, schärft unseren Blick und befähigt uns dazu, unsere eigenen Strategien besser zu erkennen.

Dieses Interesse an unserem Inneren, das manche von uns als Kinder nicht in ausreichendem Maße erfahren haben, können wir uns als Erwachsene selbst schenken. Anstatt in den gleichen Mustern zu verharren, können wir unsere Strategien überprüfen und uns überlegen, ob wir manche davon zu unserem Vorteil anpassen oder ganz ablegen können.

Je offener, vorurteilsfreier und entgegenkommender wir mit uns selbst umgehen, desto besser können wir die innere Größe dafür entwickeln, der Vielfalt des Lebens, das wir in uns tragen, Raum zu geben. Und mit dieser Größe und dem Mut, wir selbst zu sein, können wir auch anderen Menschen eine ebenso offene und annehmende Aufmerksamkeit schenken. Die Arbeit an unserer Persönlichkeit bietet die besten Voraussetzungen dafür, dass wir uns lebendig fühlen und liebevolle Beziehungen zu anderen Menschen eingehen.

Literaturhinweise

Deutschsprachige Literatur

Buber, Martin: *Ich und Du*. Ditzingen 1995.

Freud, Sigmund: *Hemmung, Symptom und Angst*. Hamburg 2013.

Hart, Susan: *Neuroaffektive Therapie mit Kindern und Jugendlichen: Vier entwicklungsphasenbezogene Behandlungsansätze*. Lichtenau 2016.

Davanloo, Habib: *Der Schlüssel zum Unbewussten: Die intensive psychodynamische Kurztherapie*. München 1995.

Jung, C. G.: *Die Beziehungen zwischen dem Ich und dem Unbewussten*. München 2001.

Kierkegaard, Søren: *Die Krankheit zum Tode*, Ditzingen 1997.

Kierkegaard, Søren: *Der Begriff Angst*, Ditzingen 1992.

Miller, Alice: *Das Drama des begabten Kindes und die Suche nach dem wahren Selbst*. Frankfurt/M.

Yalom, Irvin D.: *Existenzielle Psychotherapie*. Bergisch Gladbach 2010.

Englischsprachige Literatur

Falk, Bent: *Honest Dialogue. Presence, common sense, and boundaries when you want to help someone.* London 2017.

Della Selva, Patricia Coughlin: *Intensive Short-Term Dynamic Psychotherapy: Theory and Technique.* Hoboken 1996.

Dänischsprachige Literatur

Davidsen-Nielsen, Marianne und Leick, Nini: *Den nødvendige smerte.* 2. Auflage. Kopenhagen 2004.

Davidsen-Nielsen, Marianne: *Blandt løver. At leve med en livstruende sygdom.* 2. Auflage. Kopenhagen 2010.

Della Selva, Patricia Coughlin: *Intensiv dynamisk korttidsterapi.* Kopenhagen 2001.

Falk, Bent: *At være der, hvor du er.* Kopenhagen 1996.

Hart, Susan: *Neuroaffektiv psykoterapi med voksne.* Kopenhagen 2012

Sand, Ilse: *Find nye veje I følsernes labyrinth.* Randers 2011.

Sand, Ilse: *Værktøj til hjælpsomme sjæle – især for særlight sensitive, som hjælper professionelt eller privat.* Sabro 2014.

Psychologie bei C.H.Beck

Rebecca Böhme
Human Touch
Warum körperliche Nähe so wichtig ist
2019. 192 Seiten mit 10 Abbildungen. Klappenbroschur

Achim Haug
Das kleine Buch von der Seele
Ein Reiseführer durch unsere Psyche und ihre Erkrankungen
2. Auflage. 2017. 207 Seiten. Gebunden

Jean Liedloff
Auf der Suche nach dem verlorenen Glück
Gegen die Zerstörung unserer Glücksfähigkeit
in der frühen Kindheit
Aus dem Englischen von Eva Schlottmann und Rainer Taëni
9. Auflage. 2020. 220 Seiten. Softcover

Hans-Joachim Maaz
Das falsche Leben
Ursachen und Folgen unserer normopathischen Gesellschaft
5. Auflage. 2018. 256 Seiten. Klappenbroschur

Walter Toman
Familienkonstellationen
Ihr Einfluß auf den Menschen
10. Auflage. 2020. 271 Seiten. Paperback

C.H.Beck